LEEROY MATATA
MIT ASTRID HERBOLD

ZUHÖREN ist die beste Antwort

Was ich aus meinen Begegnungen gelernt habe

FISCHER

Aus Verantwortung für die Umwelt hat sich der S. Fischer Verlag zu einer nachhaltigen Buchproduktion verpflichtet. Der bewusste Umgang mit unseren Ressourcen, der Schutz unseres Klimas und der Natur gehören zu unseren obersten Unternehmenszielen.

Gemeinsam mit unseren Partnern und Lieferanten setzen wir uns für eine klimaneutrale Buchproduktion ein, die den Erwerb von Klimazertifikaten zur Kompensation des CO_2-Ausstoßes einschließt.

Weitere Informationen finden Sie unter:
www.klimaneutralerverlag.de

Einige Namen wurden zum Schutz der Anonymität geändert.

FSC
www.fsc.org
MIX
Papier aus verantwortungsvollen Quellen
FSC® C014496

Originalausgabe
Erschienen bei FISCHER Taschenbuch
Frankfurt am Main, Oktober 2022

Redaktionelle Mitarbeit: Astrid Herbold
Satz: Dörlemann Satz, Lemförde
Druck und Bindung: GGP Media GmbH, Pößneck
Printed in Germany
ISBN 978-3-596-70797-3

Inhalt

1

Magst du dich kurz vorstellen …?

Hallo, hallo, hallo.

Wie fangen wir an?

Vielleicht am besten ganz vorne?

Wenn ich Menschen interviewe, steige ich gerne mit einer Frage nach der Kindheit ein. Wo hast du die erlebt, wie bist du aufgewachsen, was ist dir in Erinnerung geblieben? Ich finde diese Fragen spannend. Schließlich geht alles im Leben mit unserer Kindheit los: erste einschneidende Ereignisse, erste prägende Begegnungen. Was wir aus diesen Jahren mitnehmen, bestimmt oft noch lange unseren Weg. Außerdem rufen Kindheitsgeschichten bei den meisten Menschen eigene Erinnerungen wach. Vielleicht haben sie Ähnliches erlebt, vielleicht etwas ganz anderes. Das Schöne ist: Wir müssen nicht die gleichen Erlebnisse teilen, um Verständnis füreinander zu entwickeln. Wir alle haben einzigartige Geschichten in uns, die es wert sind, gehört zu werden. In diesem Buch möchte ich mit euch teilen, was ich bislang aus meinen Begegnungen und meinem Leben gelernt habe.

Also, los geht's:

Ich bin am 31. Dezember 1996 in Bonn geboren. Ein Silvesterkind. Coole Sache. Als ich klein war, war das Geburtstagsdatum allerdings ein bisschen nervig, weil bei den Erwachsenen in der Familie und im Freundeskreis nicht ich, sondern der Jahreswechsel im Vordergrund stand. Als Teenager änderte sich meine Sicht. Ich merkte: Überall sind an diesem Tag Partys – und ich, das Geburtstagskind, kann mir eine aussuchen! Ich bin nicht so der Typ, der selbst gerne Partys veranstaltet, das stresst mich voll. Als Gastgeber hat man meistens nicht viel vom eigenen Fest. Ich genieße es mehr, bei anderen zu feiern. Und um Mitternacht stellte ich mir als Kind vor, dass die ganzen Böller und Feuerwerke nur zu meinen Ehren gezündet wurden.

Zur Welt gekommen bin ich im Bonner St. Elisabeth Krankenhaus. Die Geburt verlief reibungslos, ich war ein ganz normales, gesundes Baby. Der erstgeborene Sohn meiner Mutter. Knapp drei Jahre später kam mein »kleiner« Bruder David (heute 1,97 Meter groß) zur Welt. Meine Eltern trennten sich kurze Zeit später. Ich bin bei meiner Mutter aufgewachsen, aber ich habe durchaus Verbindungen zur afrikanischen Seite meiner Familie.

Trotzdem würde ich sagen, dass die Familie meiner Mutter in meiner Kindheit prägender und identitätsstiftender war. Väterlicherseits habe ich keine Großeltern, mütterlicherseits schon. Für meine Großeltern waren mein Bruder und ich ein riesen Glück: endlich Enkel!

Meine Großeltern kommen aus Oberfranken, mein Opa war sein Leben lang Landwirt, meine Oma ganz klassisch zuständig für Haus, Garten, Familie. Und dafür, die Finanzen zusammenzuhalten. Mein Bruder und ich verbrachten oft die Ferien auf dem Dorf, ganz idyllisch, mit Stall nebenan, Pferdekoppel, Ziegenbock. Mein Opa hatte es so gut raus mit seiner Kaninchenzucht, dass die Jungen immer genau dann zur Welt kamen, wenn wir zu Besuch waren. David und ich bekamen jeder unser eigenes Baby-Kaninchen. Manchmal schliefen wir sogar bei denen im Stall. Erst mit Beginn der Pubertät wurden wir zu cool dafür.

Wir zwei kleinen schwarzen Jungs fielen in dem bayerischen Dorf mit seinen rund 300 Einwohnern natürlich auf. Das war eine andere Neugier als im multikulturellen Bonn, das spürte ich schon als Kind. Ich weiß aus Erzählungen meiner Großeltern, dass sie auch angesprochen wurden. Ihre entspannte Antwort lautete: »Ja, da ist jetzt halt ein bisschen Farbe in die Familie gekommen.« Meine Großeltern waren absolut glücklich, dass es uns Enkel gab. Nur wohnten wir leider so weit weg. Es gab wohl mal kurz die Überlegung, zurück aufs Land zu gehen, aber meine Mutter entschied sich schlussendlich doch für Bonn – auch weil sie nicht abschätzen konnte, wie es uns als einzigen schwarzen Kindern auf dem Land ergehen würde. Sie ging davon aus, dass uns die Menschen im multikulturellen Bonn weniger mit Vorurteilen begegnen würden, und hoffte, dass wir von Ausgrenzung verschont werden würden.

Ich bin also ein nordrhein-westfälisches Stadtkind geblieben.

In Bonn waren mein Bruder und ich wahrlich nichts Besonderes. Schätzungsweise leben in Deutschland übrigens rund eine Million Menschen afrikanischer Herkunft. Viele davon sind hier geboren und aufgewachsen. Statistisch erfasst werden Hautfarben natürlich nicht, daher gibt es keine wirklich genauen Zahlen. Man weiß lediglich, wie viele Menschen in Deutschland einen »Migrationshintergrund« haben: nämlich mehr als ein Viertel der gesamten Bevölkerung – 22 Millionen! Auf diese Zahl kommt man, wenn man die Definition des Statistischen Bundesamtes zugrunde legt. Dort werden alle mitgezählt, die »entweder selbst nicht mit deutscher Staatsangehörigkeit geboren sind oder bei denen mindestens ein Elternteil nicht mit deutscher Staatsangehörigkeit geboren ist«. Weil mein Vater aus Kamerun kommt, gelte ich somit als Mensch mit Migrationshintergrund – obwohl ich hier geboren bin, Deutsch als Muttersprache spreche und nur die deutsche Staatsbürgerschaft besitze. Bisschen absurd, oder?

Das Lustige ist: Wenn man wie ich mehrere auffällige äußerliche Merkmale hat, merkt man, wie sich der Fokus der Umwelt je nach Kontext verändert. Ich erkenne die Blicke aus Hunderten Metern Entfernung, selbst aus den Augenwinkeln. Von Jüngeren werde ich meistens gemustert, weil sie mich aus dem Internet kennen. Hey, ist das nicht der Typ mit den Videos? An der Bushaltestelle oder in der Fußgängerzone in Bonn werde ich eher gemustert, weil ich ein Rollstuhlfahrer bin. Na, mal schauen, ob der es über die nächste Bordsteinkante schafft. Auf dem Land, mit seiner alternden Bevölkerung, sind Gehhilfen allgegenwärtig. Da wiederum werde ich eher wegen meiner

Hautfarbe angeguckt. Der ist aber nicht von hier, oder? Für den Rollstuhl kriege ich höchstens einen mitleidigen Seufzer ab: »Ach, der arme Bub, sitzt viel zu früh schon in so einem Ding drin.«

Heute lebe ich in Köln und das Thema Herkünfte und Hautfarben beschäftigt mich im großstädtischen Alltag kaum. Es ist mir auch ziemlich egal, wie Leute mich bezeichnen – schwarz, dunkelhäutig, person of color –, ich bin überhaupt nicht auf bestimmte Begriffe festgelegt. Hauptsache, es entsteht keine sprachliche Unsicherheit, die uns davon abhält, miteinander zu reden. Ich spüre es sofort, wenn Menschen verunsichert sind, was sie wie sagen oder ausdrücken sollen. Gerade in Bezug auf Hautfarben. Oft ist es gar nicht so einfach, nach so einem Zögern wieder zu einer lockeren Stimmung zurückzufinden.

Und natürlich kriege ich auch oft die Frage zu hören, die jeder nicht-weiße Mensch in Deutschland kennt: »Woher kommst du?« Ich habe mir dazu eine Standardantwort zurechtgelegt: Ich sage immer, dass »meine Mutter aus Deutschland kommt«, mein Vater »aus Kamerun« und dass ich »hier« geboren bin.

Ich hoffe aber, dass wir die »Woher«-Frage eines Tages gar nicht mehr brauchen. Weil durch Menschen wie mich oder Millionen andere die ethnische und kulturelle Vielfalt in Deutschland normal geworden ist. Ich versuche, meinen Teil dazu beizutragen – zum Beispiel, indem ich als Journalist und Moderator vor die Kamera trete und öffentlich sichtbar bin.

Wie gut es tut dazuzugehören, das habe ich persönlich im Profisport erlebt. In meiner Zeit als Nationalspieler der Deutschen Rollstuhlbasketballmannschaft durfte ich

Deutschland einige Male auf internationalen Turnieren vertreten, unter anderem in Dubai und Toronto. (Das waren übrigens die ersten Flugreisen meines Lebens!) Ich habe zwar nicht viel von den jeweiligen Austragungsländern gesehen, die meiste Zeit verbringt man nun mal in Sporthallen, aber es waren trotzdem unglaublich tolle Erlebnisse. Auch wenn Rollstuhlbasketball eine Randsportart ist, hat es mir viel bedeutet, mit dem Adler auf der Brust zu spielen und als schwarzer Mensch mein Land zu repräsentieren. Ganz selbstverständlich.

2

Nicht jeder, der fällt, steht gleich wieder auf

In meinem Kindergarten in Bonn in den späten Neunzigern hat sich niemand für die Herkünfte unserer Eltern oder Großeltern interessiert, weder wir Kinder noch die Erwachsenen. Eher beschäftigte uns im Sandkasten die Jungs-Mädchen-Frage. Wer spielt mit wem – und wer mit wem nicht? Dass ich irgendwie anders, special, war, bekamen alle mit, aber das hatte nichts mit meinem Aussehen, sondern nur mit diesem Gefährt zu tun, das ich als Vorschüler auf einmal hatte: meinem Rollstuhl. Anfangs war das natürlich mega aufregend, alle wollten eine Runde damit fahren. Dann ließ die Aufmerksamkeit schnell nach. Die anderen Kinder wussten, dass ich mich damit fortbewege, und nahmen es völlig selbstverständlich hin.

An dieser Haltung, die kleine Kinder uns oft vorleben, können wir uns wirklich ein Beispiel nehmen: Ist mir doch egal, ob du läufst, rollst, hüpfst oder robbst. Ich mache es so, du machst es anders, trotzdem spielen wir zusammen. Ich könnte nicht mal sagen, ob das offiziell ein integrativer Kindergarten war, den ich besucht habe. In solchen Kategorien habe ich nie gedacht. Wir waren Kinder, wir erlebten erste Freundschaften, wir verbrachten unsere Kita-Tage miteinander.

Irgendwann um meinen vierten Geburtstag herum war das mit meiner Krankheit losgegangen. Ich lief irgendwie schleppender und ging immer öfter zurück auf die Knie. Meine Beine taten mir ständig weh und Hocken oder Krabbeln fühlte sich besser an als Aufrechtstehen. In dieser Zeit begannen meine Kindergartenfreunde erst richtig zu rennen. Ich kroch hinterher. Trotzdem hatte ich haufenweise Freunde (ja, mehr Jungs als Mädchen, ich gebe es zu). Obwohl niemand wusste, was mit mir los war, stellte sich der Kindergarten recht schnell auf meine neuen Bedürfnisse und alle damit verbundenen Unwägbarkeiten ein, ich musste in keine andere Gruppe oder Einrichtung wechseln.

Bisher erzähle ich in der Öffentlichkeit oft nur in ein,

zwei Sätzen, wie das damals war, als meine Krankheit ausbrach – als ich aufhörte zu laufen und kurz darauf im Rollstuhl saß. Dabei geschah das natürlich nicht über Nacht, sondern es war ein längerer Prozess. Ein kerngesunder Dreijähriger, der rumklettert, Bällen hinterherläuft, im Garten tobt, verändert sich – zunächst fast unmerklich. Meinem Opa, der mich nicht täglich sah, sondern immer mit ein paar Monaten Abstand, fiel es als erstes auf. »Der Junge zieht das Bein hinter sich her«, sagte er zu meiner Mutter. Immer öfter klagte ich wohl auch über Schmerzen.

Von den ersten Anzeichen bis zur Diagnose dauerte es dennoch knapp zwei Jahre. Wir durchlebten viele Monate der Ungewissheit. Meine Mutter fuhr mit mir zu Kliniken in ganz Deutschland, immer wieder wurde ich untersucht und auf den Kopf gestellt. Buchstäblich. Ich habe daran durchaus Erinnerungen, vor allem an die MRTs, die für mich als kleines Kind schwer zu verstehen waren. Stillliegen in der Röhre, dazu das fiese, laute Brummen. Einmal waren wir längere Zeit in Garmisch-Partenkirchen in der Nähe der Zugspitze, arschweit weg von zu Hause. Meine Mutter blieb die ganze Zeit bei mir im Krankenhaus. Mein Bruder wurde solange bei meinen Großeltern untergebracht.

Damals habe ich das alles so hingenommen und die Schmerzen, die Reisen, die Untersuchungen nicht weiter hinterfragt. Es war, wie es war. Aus heutiger Sicht kann ich mir ausmalen, wie belastend die Situation für meine Familie gewesen sein muss. Auch für meinen Bruder, der fast noch ein Baby war und trotzdem oft lange Zeit von meiner Mutter und mir getrennt verbringen musste.

Doch es blieb uns keine Wahl. Mein Zustand verschlechterte sich von Monat zu Monat. Mittlerweile taten nicht nur die Beine, sondern auch andere Körperteile weh. Ich hatte meine Gliedmaßen irgendwie nicht mehr so unter Kontrolle wie früher. An eine Szene erinnere ich mich gut: Ich hatte mir angewöhnt, morgens, wenn ich zum Kindergarten gebracht wurde, die letzten Meter zur Eingangstür zu rennen. Weil ich mich so auf den Tag in der Kita und meine Freunde freute. Doch der kurze Sprint klappte nicht mehr gut, ich humpelte, ich stolperte, und dann habe ich mich kurz vor dem Ziel richtig hart hingelegt. Die Beine machten nicht mehr mit.

Der Übergang zum Rollstuhl war nicht einfach. Das erste Ding, das ich von der Krankenkasse bekam, war groß und grün und schwer. Einfach kacke. Ich konnte mich damit nicht selbst fortbewegen, sondern brauchte jemanden, der mich schob. Zu diesem Zweck hatte der Rollstuhl am Rücken hohe Schiebegriffe. Für mich hieß das: Ab sofort war ich auf einen erwachsenen Begleiter angewiesen. An diese erste Zeit auf Rädern und die damit verbundene Hilflosigkeit habe ich keine guten Erinnerungen.

Heute helfen mir gerade diese Erfahrungen bei meinen Interviews mit chronisch Kranken. Selbst wenn sich ihre und meine Symptome oder Krankheitsverläufe komplett unterscheiden, kenne ich das Gefühl nur zu gut, wie sich das Leben plötzlich verändert. Wie alles im Alltag mühsamer wird. Obwohl ich noch klein war, habe ich mitbekommen, dass mein körperlicher Zustand schlechter wurde. Mit jedem Monat wurde ich anhängiger von den Erwachsenen – statt unabhängiger.

Über die langfristigen Folgen habe ich trotzdem nicht

nachgedacht. Was bedeutet das für mein weiteres Leben? Werde ich immer Schmerzen haben? Sterbe ich an dieser Krankheit? Solche existenziellen Fragen habe ich mir nicht gestellt. Ich hatte das Mindset eines Kindergartenkindes, ich lebte komplett in der Gegenwart. Mich hat vor allem der Gedanke beschäftigt, warum ich nicht in den Kindergarten gehen konnte, sondern schon wieder in ein Krankenhaus musste. Ich wollte doch unbedingt zurück zu meinen Freunden! Später als Grundschulkind war es derselbe Gedanke, der in meinem Kopf kreiste:

Ich will in die Schule, ich will gesund werden, ich will nichts verpassen, ich will wieder mitspielen.

Nur ging das eben oft nicht.

Denn mittlerweile verletzte ich mich laufend schwer. Schon in der letzten Phase des Laufens brachen die ersten Knochen. Oft fast unbemerkt. Keiner konnte so richtig verstehen, wie das passierte. Manchmal war ich vormittags noch im Kindergarten, plötzlich sagte ich zu den Erzieherinnen, hier tut's mir weh. Dann tasteten sie vorsichtig mein Bein ab und stellten fest, dass mein Oberschenkel komplett geschwollen war. Als kleines Kind konnte ich das noch nicht genau artikulieren. Ich ahnte nur, dass da wieder was kaputt gegangen ist.

Eine Weile tippten die Ärzte auf eine Form von Rheuma. Als das ausgeschlossen werden konnte, hieß es: etwas Neurologisches. Aber ohne feste Diagnose wurden die Ärzte immer ratloser. Statt das zuzugeben, wurden neue Theorien aufgestellt. Alles in allem eine schreckliche Zeit: Reisen durch die gesamte Republik, immer wieder mysteriöse Knochenbrüche, aber keine Diagnose, keine Heilung in Sicht.

Dazu kam, dass ich körperlich nicht mehr wuchs, sondern schrumpfte. Kann nicht sein, dachten die Mediziner, Kinder schießen doch in diesem Alter in die Höhe! Ich dagegen verlor drei bis vier Zentimeter innerhalb eines Jahres. Eine behandelnde Ärztin machte zunächst Dokumentationsfehler dafür verantwortlich: »Da haben wir das letzte Mal wohl falsch gemessen.« Nein, hatten sie nicht.

Die Zentimeter von damals fehlen mir wahrscheinlich bis heute: denn alle in meiner Verwandtschaft sind ziemlich groß. Zwischen 1,90 und 2 Metern Körpergröße ist bei Männern in meiner Familie völlig normal. Ich komme auf 1,70 Meter. Ein Problem damit habe ich nicht, wirklich nicht. Genauso wenig, wie ich heute mit dem Rollstuhl hadere.

Seltene Krankheiten

Erinnert ihr euch an die »Ice Bucket Challenge«, die 2014 durch die sozialen Medien schwappte? Alle möglichen Leute, auch viele Prominente, kippten sich einen Eimer Eiswasser über den Kopf, um auf Amyotrophe Lateralsklerose (ALS) – eine schwere Muskelerkrankung – aufmerksam zu machen und Spendengelder für die weitere Erforschung zu sammeln. Denn das Problem mit seltenen Krankheiten wie ALS ist, dass sie weltweit nur sehr wenige Menschen betreffen und man daher oft nicht viel über sie weiß. Entsprechend schlecht sind erstens die Diagnose- und zweitens die Heilungschancen. Man könnte denken, seltene Krankheiten seien ein gesellschaftliches Rand-

problem, »selten« eben – aber das ist ein Irrtum. Da es insgesamt mehrere tausend seltene Krankheiten gibt, ist die Zahl der Betroffenen dennoch in der Summe hoch: Man schätzt, dass allein in Deutschland rund vier Millionen Menschen von (oft angeborenen, also genetisch bedingten) seltenen chronischen Krankheiten betroffen sind – das sind fast fünf Prozent der Bevölkerung! Die meisten dieser Erkrankungen sind leider nicht harmlos, sondern haben schwere Verläufe und beeinträchtigen das Leben der Betroffenen stark.

Letztlich waren es die Begegnungen mit einigen hervorragenden und aufmerksamen Medizinern, die bei mir endlich eine Diagnose brachten. Bis heute habe ich einen riesen Respekt vor Ärztinnen und Ärzten und natürlich auch vor dem gesamten Pflegepersonal. Wenn du schwer krank wirst und sich dein Leben auf bedrohliche Weise verändert – dann macht das oft auch etwas mit deiner Psyche. Zu den Schmerzen und der Ungewissheit kommen Ängste und Existenzsorgen: Wird es je wieder wie früher? Kann ich wieder arbeiten gehen, meine Hobbys ausüben, eine unbeschwerte Zeit mit meiner Familie und meinen Freunden verbringen? Umso wichtiger ist es, dass Menschen dir in diesem Moment mit Einfühlungsvermögen entgegentreten, dir zuhören, dich ernst nehmen, auf deine Fragen eingehen, auch mal Trost spenden. Und ich habe viele Pflegekräfte und Ärzte kennengelernt, denen das grandios gelingt – obwohl sie die Krankheiten, die sie behandeln, nicht aus eigenem Erleben kennen.

Anfang der Nullerjahre war mein Zustand aber erst mal

weiterhin kritisch. Einige Male war ich nun schon mit schweren Knochenbrüchen im Krankenhaus behandelt worden. Mittlerweile hatte man mir den grässlich-grünen Kinderrollstuhl verpasst. Damit wurde ich als Sechsjähriger auch eingeschult und besuchte – zusammen mit meinem Lernbegleiter – die Grundschule. Aber noch immer war unklar, was genau meine Knochen so verwundbar machte. Bis einem Arzt im Krankenhaus in Bonn eines Tages ein leichter Blaustich in der weißen Bindehaut meiner Augen auffiel. Mit bloßen Augen war die Verfärbung fast nicht zu erkennen, er benutzte extra eine Lupe und schüttelte dabei nachdenklich den Kopf: »Das kommt mir komisch vor.«

Eine bläuliche Bindehaut kann ein Anzeichen für die Glasknochenkrankheit sein. Aber eine angeborene (also: genetische bedingte) Glasknochenkrankheit lag bei mir nachweislich nicht vor. Trotzdem passten meine merkwürdig brüchigen Knochen irgendwie ins Bild. Seine Vermutung: Vielleicht hatte ich ja so etwas Ähnliches wie Glasknochen, aber eine weitgehend unbekannte Krankheit? Aufgrund dieser Vermutung fand meine Mutter schließlich die Spezialisten in Köln, durch die dann die Wende kam.

Nach erneuten langwierigen Untersuchungen bekam ich zu Beginn meiner Grundschulzeit nun endlich eine Diagnose: Meine Krankheit heißt juvenile Osteoporose, eine Art Glasknochenkrankheit bei Kindern und Jugendlichen. Sie ist nicht erblich, sehr selten und extrem gefährlich. Viel mehr weiß man nicht. In dem renommierten Osteoporose-Zentrum in Köln, in dem ich bis heute behandelt werde, sind nur eine Handvoll weiterer Fälle in Deutschland bekannt.

Das Röntgenbild, das in Köln von mir gemacht wurde, brachte Erschreckendes zum Vorschein. Meine Rückenwirbel waren zu diesem Zeitpunkt fast vollständig zusammengepresst und hatten sich nahezu aufgelöst. Auf einem Röntgenbild ist ein starker, gesunder Knochen normalerweise weiß, die Umgebung – Bindegewebe, Muskeln, Organe – dunkel. Nur war da bei mir sehr wenig Weißes zu sehen. Das Größenverhältnis zwischen den Bandscheiben und den eigentlich quadratisch-kastigen Knochenwirbeln stimmte überhaupt nicht mehr. Meine Wirbel waren verschwindend dünn, die Knorpel dazwischen riesig groß.

Was bedeutete das?

Nichts Gutes. Ein gebrochener Knochen im Arm oder im Bein, der kann viel Ärger machen, doch daran stirbt man in der Regel nicht. Aber ein Rücken, der jederzeit brechen kann? Ein Halswirbel? Das Genick? Ein doofer Sturz beim Ballspielen, ein Erwachsener, der mich aus Versehen anrempelt, ein unglückliches Ausrutschen auf der Straße – und das hätte es für mich gewesen sein können.

Ich schwebte in akuter Lebensgefahr.

Ohne Diagnose

Mit dem jungen Österreicher Eldin habe ich vor einiger Zeit über seine unbekannte Krankheit gesprochen. Eldin kam zunächst kerngesund zur Welt. Vermutlich durch einen allergischen Schock im Kleinkindalter entzündeten sich seine Haut und seine Augen. Blasen entstanden, die Haut löste sich ab und er erblindete fast vollständig. Ein Auge

musste zugenäht werden. Fast drei Jahre seines Lebens hat Eldin in Krankenhäusern verbracht, trotzdem erhielt er nie eine Diagnose. Zusammen haben wir im Internet um Mithilfe gebeten: Gibt es Mediziner da draußen, die vielleicht an einer ähnlichen Krankheit forschen? Er wünscht sich so sehr eine Antwort auf die Frage: Was habe ich eigentlich? Die Blicke anderer Menschen bemerkt er trotz seiner stark eingeschränkten Sehfähigkeit immer noch: »Wenn ich unterwegs bin, gucken mich sehr viele Menschen an. Die meisten schauen ganz normal. Aber es gibt auch Leute, deren Blicke höhnisch sind und die zu sagen scheinen: ›Was ist denn das für einer?‹ Es ist früher auch oft passiert, dass Menschen die Straßenseite gewechselt haben aufgrund meines Erscheinungsbildes.« Wie traurig, dass er das spüren muss. Trotzdem steht Eldin selbstbewusst zu sich und seinem Äußeren – und erträgt auch die medizinische Ungewissheit. »Niemand muss sich verstecken, jeder ist einzigartig, so wie er ist, jeder ist wunderbar,« sagte er mir. Das hat mich sehr beeindruckt.

3

Mitleid bringt uns nicht weiter

Eine inspirierende Begegnung der letzten Jahre: die mit dem 27-jährigen Marcel. Wir trafen uns in einem Garten in der Nähe von Köln, auf der Terrasse direkt neben einem Pool.

Zweieinhalb Jahre vor unserem Gespräch war Marcel nach Feierabend genau hier mit seinen Freunden verabredet. Es ist ein heißer Tag damals – und alles scheint perfekt. Das frisch gemähte Gras leuchtet in sattem Grün, das Wasser glitzert einladend türkis, neben dem Grillplatz steht eine Palme. Ein paar Jungs genießen zusammen den Sommerabend. Gerade ist Marcel mit Anlauf, Karacho und voller Vorfreude auf die Abkühlung ins Wasser gesprungen. Splash! Dass er plötzlich bewegungslos im Pool treibt, halten seine Freunde für einen Witz, haha, der spielt wohl mal wieder toter Mann. Doch Marcel taucht einfach nicht auf. Bewegt sich überhaupt nicht mehr. Hey, Marcel, lass den Scheiß!

Gerade noch rechtzeitig wird den Freunden klar, dass etwas nicht stimmt. Sie zerren den apathischen Marcel aus dem Wasser auf den Rasen, beginnen mit der Herzdruckmassage, beatmen ihn durch den Mund. Er hat mir später erzählt, wie er das alles bei vollem Bewusstsein mitkriegt. Er hört sogar die Anweisungen, die der Rettungssanitäter über den 112-Notruf gibt. Und er merkt, dass er kaum Luft kriegt, sich überhaupt nicht bewegen und auch nicht artikulieren kann. Er spürt die Panik in sich aufsteigen, er glaubt, nein, er weiß, dass er gleich sterben wird.

Ein einziger Kopfsprung ins Wasser.

Und Sekunden später ist in Marcels Leben nichts mehr, wie es war.

Genickbruch, Herzstillstand, Rettungshubschrauber, künstliches Koma, monatelang auf der Intensivstation, am Beatmungsschlauch, in der Reha. Seitdem ist er vom oberen Brustwirbel abwärts gelähmt und sitzt im Rollstuhl. Alles in allem eine Geschichte, bei der selbst ich erstmal gedacht habe: Ach du Kacke, was für ein Pech. So jung und dann das. Der Arme!

Wer einen solchen Schock erlebt, trägt oft auch psychisch schwere Wunden davon. Aber Marcel hat mich schon bei unserem ersten Gespräch komplett überrascht. Er hat etwas unbeschreiblich Positives an sich, eine lockere, charmante Art – und er hat es geschafft, sich diese Charakterzüge trotz Schwerstbehinderung zu bewahren.

Marcel erzählte mir ganz offen, dass er schon früher »kein Kind von Traurigkeit« gewesen sei. Auch im Krankenhaus wurde er schnell der Liebling der Pflegekräfte, der »Hofnarr der Station«, so nannte er es selbst. Die Krankenpflegerinnen kamen oft, um mit ihm zu quatschen und Blödsinn zu machen, manchmal zupften sie ihm im Nachtdienst nebenbei die Augenbrauen oder verpassten ihm Gesichtsmasken. Er selbst konnte sich ja fast gar nicht bewegen.

Peinliche und unangenehme Situationen sind im Krankenhaus vorprogrammiert, ich spreche da aus Erfahrung. Fremde Menschen pflegen und waschen dich. Fassen dich an, auch an intimen Stellen. Doch Marcel verlor selbst dabei nicht seinen Humor. Einmal, so erzählte er mir, sei eine supernette, hübsche Pflegerin in sein Zimmer gekommen, um ihm beim Pinkeln zu helfen und hätte einfach sein OP-Hemd hochgeschlagen. Er lag komplett blank da. Trotzdem blieb er schlagfertig.

»Entschuldigung?«

»Ja?«

»Sollen wir nicht erst mal zusammen essen gehen, bevor du mich ausziehst?«

Sie guckte ihn an – und fing voll an zu lachen.

Als unser Video veröffentlicht war und mehrere Millionen Menschen es gesehen hatten, schrieben Marcel und ich uns natürlich weiter Nachrichten. Ich bleibe oft mit meinen Gästen noch lange in Kontakt, manchmal entstehen richtige Freundschaften. Marcels lustige, ehrliche Art zeigte auch online krasse Wirkung: Reihenweise meldeten sich Frauen bei ihm, die ihn kennenlernen wollten.

Marcel hat nicht verschwiegen, dass er nach seinem schweren Unfall auch depressive Phasen hatte. Anfangs habe er sogar darüber nachgedacht, sich mitsamt dem

Rollstuhl vor einen Zug zu werfen, sagte er mir. Aber am Ende waren sein Optimismus und seine Lebensfreude doch größer. Selbst auf den Fotos, die seine Familie im Krankenhaus von ihm gemacht hat, sieht man immer ein Grinsen in seinem Gesicht. Sogar als noch der Beatmungsschlauch in seinem Hals steckte.

So etwas hatte ich wirklich noch nie erlebt.

Marcel war zu 100 Prozent eine Inspiration für mich!

Das lag auch daran, weil ich mich im Nachhinein so ertappt fühlte. Vor unserer Begegnung dachte ich, dass das vermutlich ein eher schweres, trübsinniges Gespräch werden würde. Aber dann sitzt Marcel fröhlich auf der Terrasse neben dem Pool, in dem es passiert ist und macht einfach das Beste daraus. Holt sich sein Leben Stück für Stück zurück, buchstäblich mit jedem Atemzug. Mittlerweile kann er seine Arme – und sogar seine Beine – wieder ein wenig bewegen. Und wer ihm einige Minuten zuhört, der versteht: Der Typ ist nicht traurig. Der hat immer noch Spaß – und der hat auch noch richtig was vor mit seinem Leben. Wir haben sogar über das Thema Kinder gesprochen …

Als das Gespräch beendet war und die Kameras ausgeschaltet, habe ich auf seinen riesigen Rollstuhl mit den zwei Haltegriffen gezeigt und gesagt: »Glaub mir, das ist Murks, was du da unterm Hintern hast, ein Opel Corsa mit platten Reifen, damit kommst du niemals gut von A nach B.« Ich redete auf ihn ein: Bitte, hol dir einen Ferrari! Marcel hat sich das sehr interessiert angehört, meinen Flitzer direkt vor Ort noch ausprobiert – und natürlich sofort den Unterschied bemerkt. Mittlerweile hat er selbst einen sehr coolen Rollstuhl. Ähnlich wie meiner: ein kleines, wendiges Ding, mit dem man richtig schnell ist und den man gut navigieren kann.

Vielleicht muss ich an dieser Stelle mal kurz etwas zu meinem eher ungewöhnlichen Beruf sagen. Ich bin kein klassischer, gelernter Journalist, aber ich habe trotzdem in den vergangenen Jahren, seit 2018, Hunderte Interviews mit Menschen geführt, die ich zuvor nicht kannte. Nicht alle, aber viele davon bringen harte Geschichten mit. Ich habe mit Menschen gesprochen, die seltene oder tödliche Krankheiten haben, mit Menschen, die Unfälle, Kriege oder Fluchten miterleben mussten, mit Menschen, die drogenabhängig waren oder im Knast saßen, mit Menschen, die missbraucht oder misshandelt oder fast ermordet wurden. Wenn ich dabei eines gelernt habe, dann das: Die allermeisten wollen kein oberflächliches Mitleid. Sie wollen uns nicht seufzen hören: »Ach, herrje, du tust mir so leid!« Was dagegen alle wollten, die sich mit mir mutig vor die Kamera gesetzt haben: endlich einmal ihre Perspektive zeigen.

Während ich zuhöre, gehen mir oft viele Gedanken gleichzeitig durch den Kopf: Ich höre mir die schlimmen Erlebnisse an, ich überlege, wie viele Kämpfe diese Menschen schon ausgestanden haben, was sie erdulden und erleiden mussten. Ich überlege mir, wie krass das alles ist, und ob ich persönlich auch die Kraft gehabt hätte. Aber wenn mir dann jemand im Detail erzählt, wie sie oder er es angepackt und durchgestanden hat – und manchmal sogar gegen das Schicksal gewonnen hat –, gibt mir das jedes Mal beim Zuhören unglaublich viel Zuversicht. Das anfängliche Mitleid wird komplett nebensächlich. Zum Glück.

Anderen geht es offenbar ähnlich. In vielen Kommentaren schreiben Zuschauer, wie sehr die Gespräche sie bereichert und gepusht hätten. Teilweise schaffen es meine Gäste allein durch ihre schonungslosen Berichte, andere zu motivieren. Weil sie es überlebt haben, weil sie hier sitzen und darüber reden können.

Manchmal gibt es auch Erfolge und Etappensiege zu vermelden: Wie bei Marcel, den ich natürlich wiedergetroffen habe, um zu sehen, wie es ihm heute geht. Bei unserem zweiten Treffen hatte er schon seinen neuen, freshen Rollstuhl – und machte mittlerweile sogar erste vorsichtige Schritte am Rollator. Man könnte das jetzt so in Szene setzen: Wow, ein Wunder! Er steht wieder auf eigenen Beinen! Aber so betrachte ich das gar nicht. Es geht nicht darum, das Geschehene ungeschehen zu machen oder die Zeit zurückzudrehen. Sein Unfall lässt sich nicht rückgängig machen.

Es geht darum, das, was ist, anzunehmen. Und gemeinsam den Moment zu genießen.

Für mich ist es wichtiger, dass Marcel – ob mit Rollator oder Rollstuhl – immer noch voller Lebensfreude ist. Dass er immer noch seine besten Freunde um sich hat, dass er wieder Frauen kennenlernt und sich verliebt. Wir hatten einen tollen zweiten Tag miteinander, unser Gespräch war diesmal fast noch offener und vertrauter und ich durfte mich von Marcels Humor wieder total anstecken lassen. Was für ein Geschenk!

Ich würde in meinen Interviews nie darüber hinwegtäuschen, dass viele Krankheiten nicht geheilt werden oder dass viele Schicksalsschläge, viele traumatische Erlebnisse nicht einfach so überwunden werden können. Es ist am Ende nicht immer alles gut. Das Leben ist kein Hollywoodfilm mit märchenhafter Wendung in den Schlussminuten. Aber das sollte uns nicht daran hindern, über die kleinen Fortschritte zu reden, das Gute wahrzunehmen, das passiert ist – ohne das Schlechte zu verschweigen. Ich habe die Erfahrung gemacht, dass dabei eine unglaubliche Energie bei demjenigen entsteht, der spricht. Und diese Energie überträgt sich auch auf uns Zuhörende.

Ja, es gibt Spiralen aus Angst, Verzweiflung, Schmerz, Mutlosigkeit. Ich leugne das nicht und ich lote diese schwarzen Löcher in meinen Gesprächen aus. Aber es ist mir trotzdem – oder gerade deshalb – immer wichtig, dass ich nach einem Ausgang, einem Weg nach draußen Ausschau halte. Sonst können uns die Abgründe verschlingen. Dagegen sträube ich mich. Die schwarzen Löcher der Negativität will ich nicht füttern. Lieber ein Sternchen sein, das ein bisschen Licht ins Dunkel bringt.

Schreckliches geht medial immer, das hat auch mit den Algorithmen und dem Empfehlungsmanagement sozialer Netzwerke zu tun – dazu komme ich später noch ausführlicher. Schon deshalb habe ich mir geschworen, dass in jedem meiner Gespräche etwas Positives vorkommen soll. Das verstehe ich durchaus als meine Mission. Oft erreiche ich das durch simple Fragen:

Was wünschst du dir?

Welche Pläne für die Zukunft hast du?

Was wäre eine geile Alternative zur aktuellen Situation?

Welche Tipps würdest du anderen Betroffenen gerne geben?

Manchmal dauert es dann einen Moment, es gibt einen Augenblick des Schweigens. Mein Gegenüber muss erst nachdenken. Kein Problem, ich habe Zeit. Aber dann finden eigentlich alle Menschen Worte für ihre Träume oder Hoffnungen. Und diese Sätze verfehlen nie ihre Wirkung.

Marcel hat es so ausgedrückt: »Gebt euch niemals auf. Egal, wie schlimm euch das Leben trifft. Bleibt immer dran. Gebt euch Mühe. Lächelt. Seid füreinander da. Denn das gibt euch so viel zurück.«

Das ist eine einfache, klare Botschaft. So oder ähnlich könnte ich das sicherlich auch sagen, warum also mache ich mir die Mühe, lange Gespräche mit Fremden zu führen? Ganz einfach: Weil es einen Unterschied macht, wenn man einem Menschen vorher eine halbe Stunde lang durch die Hölle gefolgt ist, die er oder sie durchgemacht hat. Vielleicht hat man anfangs nur aus Langeweile auf das Video oder den Podcast geklickt. Vielleicht hat man während der ersten Minuten heimlich gedacht: Gut, dass das nicht *ich* bin. Gut, dass es mir nicht so schlecht geht wie dem da.

Aber dann passiert beim Zuschauen oder Zuhören etwas. Man kann nicht mehr wegschalten. Weil man diesen Menschen, der da spricht, Minute für Minute näher kennenlernt. Eine Verbindung zu ihm oder ihr aufbaut. Und plötzlich entsteht Anerkennung, manchmal fast Bewunderung:

Respekt, dass du das durchgestanden hast.

Respekt, dass du so offen darüber berichtest.

Respekt, dass du da für dich einen Weg rausgefunden hast.

Respekt, dass du anderen Mut machen willst.

Deshalb beende ich alle meine Interviews auch mit einem besonderen Spotlight: Ich fordere meine Gesprächspartner auf, noch einige Schlussworte direkt ans Publikum zu richten. Spontan, aus dem Bauch heraus. Und obwohl es meist einfache und universelle Botschaften sind, brennen sie sich ins Gedächtnis ein. Wir kennen das von jedem Kinofilm. Im Mittelteil verschwimmt die Handlung schnell: Wann ist was passiert, wer hat wen abgeballert, wo ist der Zombie rausgesprungen? Das ist nicht, woran wir uns später erinnern. Aber ob es auf dem Titanic-Floß noch einen letzten Kuss gab – das weiß jeder.

Meine Lieblings-Schlusssätze

»Der menschliche Körper ist eine so wunderbare Schöpfung.«
(Hermann, dessen Krebs nicht mehr heilbar war)

»Nehmt das Schicksal an und macht das Beste daraus. Das ist ganz wichtig.«
(Rayk, der an tödlicher Muskeldystrophie erkrankt ist)

»Ich bin der größte Beweis dafür, dass, auch wenn man viel verliert, man viel dazu gewinnen kann.«
(Angie, die seit einem Unfall keine Beine mehr hat)

4

Nicht am Spielfeld-rand stehen-bleiben

Auch wenn ich in den letzten Jahren Dutzende tolle Mediziner kennengelernt habe, gibt es einen Arzt, dem ich extrem viel verdanke: Es ist der Osteoporose-Spezialist Professor Doktor Jörg Oliver Semler aus Köln. Ich übertreibe nicht, wenn ich sage, dass die Begegnung mit Oliver – mittlerweile duzen wir uns – mein Leben verändert hat. Meine Begeisterung ging sogar so weit, dass ich nach dem Abitur kurz überlegt habe, selbst Medizin zu studieren. Während der Berufsfindungsphase legten die uns in der Schule solche Tabellen vor: verschiedene Tätigkeiten und die dazugehörige Zukunftsaussicht. Im medizinischen Sektor finden sich viele krisensichere Jobs. Ich hätte als Nationalspieler (unabhängig von meinem Abi-Schnitt) auf jeden Fall einen Platz bekommen. Schlussendlich habe ich mich dann doch nicht für das Medizinstudium entschieden. Aber der Respekt für die Menschen, die diese Jobs ausüben, ist geblieben.

Oliver war der erste Arzt, den ich kennenlernte, der zugleich auch Betroffener war. Er hat seit seiner Geburt Osteogenesis imperfecta, die Glasknochenkrankheit. Und daraus hat er sein Forschungsthema gemacht. Ein großer Mann! Wenn auch körperlich klein. Auf seinem Fachgebiet ist er herausragend. Und er hat als erster richtig verstanden, was bei mir abgeht und wie ich mich fühle. Zugleich war er ein erwachsenes Vorbild für mich. Seine Ansagen waren unmissverständlich:

»Jede Bewegung, die du machst, tut dir gut.«

Das wiederholte er immer wieder. Stillstand schadet, Bewegung hilft. Du *musst* körperlich aktiv bleiben. Auch wenn es wehtut, auch wenn wieder Knochenbrüche drohen. Ihm wurde es als Kind nicht erlaubt, einen Rollstuhl zu benutzen. Er musste selbst gehen, wenn er irgendwo hinwollte. Ich kann mir vorstellen, dass das manchmal hart für ihn war. Doch seine Eltern legten großen Wert darauf, dass er lernte, ein selbständiges Leben zu führen.

Kürzlich bin ich ihn mal wieder besuchen gefahren; wir haben ein Video gedreht, in dem es um meine Fortschritte beim Laufenlernen geht. Auch nach über 15 Jahren liege ich immer noch als ungelöster Fall auf seinem Schreibtisch. Juvenile Osteoporose, bei der die Knochen in der frühen Kindheit schon brüchig werden, ist wie gesagt weitgehend unerforscht – auch weil es so wenige Betroffene gibt. Osteoporose kriegen sonst eher ältere Menschen, vor allem Frauen jenseits der Wechseljahre. Oliver Semler hat in den letzten Jahren außer mir nur etwa zehn Kinder und Jugendliche behandelt, die ähnliche Symptome aufwiesen. Und das, obwohl das »Zentrum für Seltene Skeletterkrankungen im Kindes- und Jugendalter« an der Uniklinik Köln auf genau solche Erkrankungen spezialisiert ist. Vieles ist auch in meinem konkreten Fall immer noch unklar – vor allem, was die genauen Ursachen oder Auslöser der Krankheit waren.

Obwohl die juvenile Osteoporose im Gegensatz zur Glasknochenkrankheit nicht angeboren ist, funktioniert die Medikation zum Glück ähnlich. Ich versuche es mal zu erklären: Auch Knochen haben einen Stoffwechsel, sie können vom Körper auf- und abgebaut werden. Bei mir wurden die Knochen im Kleinkind- und Grundschulalter immer dünner und schwächer, der Körper baute sie ab statt auf. Deshalb die ständigen Brüche und die körperliche Schrumpfung. Dieser gefährliche Zerfall konnte während der Grundschulzeit schließlich durch Medikamente gehemmt werden. Alle drei Monate musste ich dafür übers Wochenende in die Kölner Klinik und bekam eine Bisphosphonat-Therapie. Die Zeit im Krankenhaus fand ich nervig, aber immerhin durfte ich die ganze Zeit Fernsehen gucken.

Zum Glück schlug die Therapie gut an. Regelmäßig wurden meine Knochen nun vermessen und ihre Dichte untersucht. Waren sie wieder härter und stabiler geworden? Irgendwann hatte ich immerhin ein Level erreicht, bei dem keine akute Lebensgefahr mehr drohte.

Doch es gab auch ein Problem: Normalerweise setzt

man Bisphosphonat bei Erwachsenen ein und das auch nur über einen kürzeren Zeitraum. Für eine Langzeitbehandlung bei Kindern war das Präparat damals weder gedacht noch erforscht. Ich bekam das Medikament aber insgesamt rund fünf Jahre lang, von meinem siebten bis zum zwölften Lebensjahr. Das heißt: Niemand konnte uns sagen, welche Spätfolgen die jahrelange Behandlung für mich möglicherweise haben würde. Das Thema bereitet mir heute trotzdem keine schlaflosen Nächte, ich lasse es auf mich zukommen. Damals hatte meine Mutter außerdem gar keine andere Wahl: Die Therapie war das Einzige, was meinen Knochen überhaupt half und was zur Verfügung stand.

Trotzdem hörten die Knochenbrüche nicht schlagartig auf. Im Gegenteil, eigentlich ging es während der Grundschulzeit erst richtig los. Ich brach mir laufend Beine, Arme, Finger, manchmal auch die Rippen. Oft wurde ich auch operiert, die Knochen mussten nach den Brüchen wieder gerichtet werden. Meine Haut war schlecht, ich hatte dauernd Ausschläge – vielleicht von den vielen Narkosemitteln, vielleicht vom Bisphosphonat, niemand wusste es so genau. Erst Jahre später wurde das mit der Haut langsam besser.

Die Wochen, die ich als Grundschüler im Krankenhaus verbrachte, kann ich jedenfalls nicht zählen. Es waren viele.

Mit der Zeit hatte ich richtig Routine entwickelt. Ich wusste: Es knackt und kracht irgendwo, der Schmerz setzt ein – dann geht die übliche Prozedur los. Notaufnahme, röntgen, eventuell ab in den OP. Und danach ewiges Liegen und Ruhen und Warten, bis der Heilungsprozess abgeschlossen ist. So langweilig! Auf der gesamten Kinderstation gab es eine Playstation und einen Fernseher, aber das waren auch die einzigen Ablenkungen. Ich fand es unendlich nervig, da rumzuhängen. Meine Abneigung gegen Krankenhäuser fühle ich bis heute echt auf einem anderen Level. Die Menschen, die dort arbeiten, können nichts dafür, die machen einen tollen Job. Aber die Umstände fand ich als Kind furchtbar.

Knochen brauchen lange, bis sie wieder richtig fest zusammengewachsen sind. Ich versuchte mich daher im Alltag so gut es ging zurückzunehmen, immer vorsichtig zu sein. Ein Niesen konnte schon zu einer gebrochenen Rippe führen – und dann fing alles von vorne an.

Wer gesund ist, kann sich das wahrscheinlich nicht vorstellen. Normalerweise verlässt du dich einfach auf deinen Körper: Der hält und trägt dich durch den Alltag. Du wachst auf, schwingst dich im Bett auf, stellst die Füße auf den Boden und gehst zum Klo. Auf dem Weg ins Bad machst du dir keine Gedanken über deine Oberschenkelknochen. Du denkst nicht an die Bewegung deiner Sprunggelenke. Du überlegst auch nicht, wie deine Hüfte auf den nächsten Schritt reagieren wird.

Bei mir ratterten schon als Kind diese Gedanken ständig mit. Was könnte meinen Knochen gefährlich werden, wobei könnte ich mich wieder verletzen? In der Konsequenz schränkte ich meinen Radius deutlich ein und vermied alles, was mich wieder wochenlang ins Krankenhaus bringen konnte.

Doch genau das ist der Teufelskreis bei dieser Krankheit. Denn Ruhe ist generell schlecht für die Knochen. Sie müssen ständig bewegt und von den Sehnen und Muskeln gereizt werden, damit sie kräftiger werden. Das Medikament konnte das nicht leisten, es sorgte lediglich dafür, dass mein Körper meine Knochen nicht weiter abbaute. Gestärkt werden konnten sie nur durch mich selbst – indem ich mich bewegte. Doch als Kind sah ich das anders: Lieber war ich langsam und vorsichtig, als mir wieder etwas zu brechen.

Meine Mutter bemerkte das und machte sich Sorgen. Sie hat früher Volleyball gespielt und war immer eine überzeugte Sportlerin. Ihr war klar, dass Mobilität wahnsinnig wichtig ist. Und sie dachte sicher auch an meine Zukunft – denn so, wie es war, konnte es definitiv nicht weitergehen. Ich durfte mich nicht immer weiter zurückziehen und schonen.

Was tat sie? Sie brachte mich in Bonn zu einer Kindersportgruppe für Vier- bis Zehnjährige, die im Rollstuhl saßen. Ich habe ja schon von der grässlichen, langsamen Gurke erzählt, die ich bis dato unterm Hintern hatte. Hier wurde das richtig offensichtlich: Ich konnte kaum alleine von einem Ende der Turnhalle zum anderen fahren. Alle anderen Kinder – auch die ganz kleinen – waren viel wendiger, sie düsten nur so um mich herum. Als wir Fangen spielten, hatte ich keine Chance.

Auf der Rückfahrt saß ich hinten im Auto und weinte. Weil ich überhaupt nicht hatte mithalten können. Alle waren so gut und ich war so schlecht. »Da will ich nie wieder hin!«

Doch meine Mutter ließ nicht locker. Und sie konnte mich tatsächlich überreden, dem Sportverein eine Chance zu geben.

Grundsätzlich bin ich kein Befürworter von Separation,

Menschen mit Behinderungen sollten immer und überall dabei sein und nicht vom Rest der Gesellschaft abgetrennt werden. Aber es gibt Situationen, wo es guttut, mal unter Gleichen zu sein. Ich erlebte jetzt plötzlich jeden Mittwochnachmittag einen Haufen Kinder, die auch alle im Rollstuhl saßen. Schnell ließ meine Kränkung nach und meine Neugier wuchs: Wieso sind die so schnell? Wie machen die das?

Und wieder begegnete mir jemand, der mein Leben verändern sollte: die Trainerin Ute Herzog. Wir sind immer noch in Kontakt, längst hat sich eine Freundschaft entwickelt. Damals schaute sie mich an, beobachtete, wie ich mich in der Turnhalle abmühte – und sagte nur einen einzigen Satz:

»Dir besorgen wir jetzt erst mal einen *richtigen* Rollstuhl.«

Bis heute könnte ich im Strahl kotzen, wenn ich über die Versäumnisse unseres Gesundheitssystems nachdenke. Was mir die Krankenkasse damals als Fünfjährigem vor die Tür gestellt hatte, war eine Frechheit. Völlig ungeeignet für ein kleines Kind. Vermutlich war es nicht mal das günstigste Modell, aber es war überhaupt nicht an mich und meine Bedürfnisse angepasst. Viel zu sperrig, viel zu schwer! Der Rollstuhl ließ mir kaum Bewegungsspielraum. Hätten sich nicht zwei willensstarke Frauen – meine Mutter und meine Trainerin – zwei Jahre später heftig dafür eingesetzt, dass ich ein leichtes und wendiges Modell bekomme, und hätten sie nicht den bürokratischen Kampf, der dafür nötig war, ausgefochten, dann säße ich vielleicht heute noch unbeweglich in einem falschen Rollstuhl. Meine Kindheit wäre völlig anders verlaufen. Ich wäre am Arsch gewesen! Und das ist keine Übertreibung. Erst mein zweiter Rollstuhl, den ich mit sieben Jahren bekam, gab mir wirklich meine Freiheit zurück. Sogar auf dem Schulhof konnte ich wieder mit den anderen Kindern mithalten. Endlich.

Ute Herzog ist für mich eine der unzähligen ehrenamtlichen Heldinnen, die es in diesem Land gibt. Ihr Mann ist querschnittsgelähmt und die beiden haben sich über viele Jahre im Bereich Rollstuhlsport engagiert. Dass ich damals in Bonn in ihrer Gruppe gelandet bin, war purer Zufall. Jede Woche kam ich ab jetzt begeistert zum Training. Und mit der Zeit wurde ich richtig flink. Mein Ehrgeiz machte sich bemerkbar: Ich wollte der Schnellste werden – und bald war ich es auch. Wir hatten damals mit Bildern bedruckte Rollstuhlspeichen, das fanden wir cool. Meinen ersten hochwertigen Rollstuhl zierte eine Asterix-Figur.

Später, als ich mich in Richtung Leistungssport orientierte, ließ ich mir auf meinen nächstgrößeren Rollstuhl einen Gepard drucken. Ich wurde zum »Super-Flitzer« und der Gepard wurde *mein* Tier. Diese eleganten Wildkatzen sind die schnellsten Landläufer der Welt; sie schaffen zwischen 80 und 130 Stundenkilometern. Wenn das kein Vorbild ist …

Rollstühle

Über die Nachteile schlechter Rollstühle – und wie sehr sie die Lebensqualität beeinträchtigen – kann ich mich stundenlang aufregen. Und das Thema betrifft ja nicht

nur mich. Rund 1,4 Millionen Menschen in Deutschland sitzen im Rollstuhl. Die Ursachen variieren stark: Grund kann eine Rückenmarksverletzung nach einem Unfall sein, oder Spastiken, die zu Verhärtungen und Steifheit von Muskeln führen, eine angeborene Querschnittslähmung oder eine Gehbehinderung, zerebrale Störungen, Funktionseinschränkungen der Wirbelsäule, die Glasknochenkrankheit und ganz viel mehr. Zum Glück hat die Technik große Fortschritte gemacht. Es gibt manuelle Rollstühle, Elektro-, Gelände-, Leicht-, Falt- oder Sport-Rollstühle. Außerdem unterscheidet man sie nach ihrer Antriebsart: Man kann beispielsweise wählen zwischen Einhandantrieb, Handhebel, Greifreifen oder Elektromotorantrieb. Das heißt: Theoretisch müsste jeder das perfekte Gefährt für die eigenen Bedürfnisse finden können. Doch dafür muss man erstens gut beraten werden und zweitens eine Krankenkasse haben, die versteht, welchen riesigen Unterschied ein perfekt angepasster Rollstuhl im Alltag macht. Und wer's jetzt ganz genau wissen will: Ich fahre übrigens einen Starrahmen-Aktivrollstuhl.

Noch eine Anmerkung zum Thema Sichtbarkeit: Ich bin mir absolut darüber bewusst, wie wichtig es ist, dass nicht nur Menschen mit Migrationshintergrund, sondern auch Menschen mit Behinderungen ganz selbstverständlich in der Öffentlichkeit stehen. Heute klicken Kids bei YouTube herum oder durchs Fernsehprogramm und stoßen dabei auch auf mich, einen jungen, schwarzen Mann im Rollstuhl. Sie sehen, wie ich durch die Stadt fahre, Leute treffe, Sport mache, meinen Traumberuf ausübe. Alles völlig normal. Ich hatte solche Vorbilder als Kind nicht. Social Media steckte noch in den Anfängen, Smartphones besaßen wir als Grundschüler nicht. In meiner Familie und Nachbarschaft gab es keine Behinderungen – und ich war weit und breit der einzige, der im Rollstuhl saß. Jedenfalls kam es mir so vor.

Zum Glück habe ich dann diese Kinder-Rollstuhlsportgruppe kennengelernt. Ich habe gesehen: Es gibt viele andere, die gut mit ihren Rollstühlen klarkommen. Zwar hatten diese Kinder andere Krankheiten, andere Einschränkungen als ich – aber solche Details waren egal. Unsere Trainingsgruppe war bunt durchmischt: Ich war der einzige, der was mit den Knochen hatte, andere hatten Lähmungen oder Spastiken. Und zusammen machte der Sport jede Menge Spaß.

Wir spielten ab und zu auch Basketball, allerdings durfte meinetwegen dann nur ein Softball benutzt werden. Wenn ich einen harten Ball gegen den Oberkörper bekommen hätte, wäre die Gefahr eines Bruchs zu groß gewesen. Die Basketballregeln hatten die Trainer für uns Kinder ein bisschen abgewandelt: Am Korb hing unten ein Band dran. Wenn wir es nicht schafften, einen Korb zu werfen, der Ball aber das Band berührt hatte, zählte das trotzdem. Wer den Ball ergattert und auf seinen Schoß gelegt hatte, um die Arme frei zum Fahren zu haben – dem durfte niemand den Ball wegnehmen. Wir übergaben die Bälle von der Hand in die Hand, dabei durfte der Gegner nicht eingreifen. Schubsen oder hart Anrempeln war sowieso verboten. Nur ein Ball, der geworfen wurde und sich in der Luft befand, durfte abgefangen werden. Insgesamt war der Spielverlauf sehr auf Sicherheit ausgerichtet.

Aber das war richtig so, denn auf diese Weise konnte jeder Teil unserer Mannschaft werden.

Die Inklusion ging so weit, dass auch Geschwister oder Freunde ohne Handicaps mitmachen durften. Auch mein kleiner Bruder David wurde sofort integriert. Meine Mutter brachte ihn zum Training immer mit, wo hätte er auch sonst bleiben sollen? Natürlich wollte er mitspielen, als er uns durch die Halle flitzen sah. Zum Glück gab es ein paar Ersatz-Rollstühle, die Ute Herzog mitgebracht hatte.

Davids Lieblingsrollstuhl war pink und bald war er damit fast so schnell wie ich. Er durfte ihn sogar mit nach Hause nehmen, damit wir Wettrennen machen konnten – auf Augenhöhe!

5

Mach den Anfang

Wie entsteht Verständnis, Anteilnahme, Verbundenheit?

Indem wir innehalten. Uns anschauen. Reden.

Klingt simpel? Glaubt mir, es ist verdammt schwer.

Man könnte denken, dass ich ein Freund der superpersönlichen Einstiegs-Überraschungsfrage bin, mit der ich andere Menschen binnen Sekunden geschickt aus der Reserve locke. Stimmt nicht.

Manchmal brennt einem natürlich die Neugier unter den Nägeln. Man möchte vielleicht einen fremden Menschen, der im Rollstuhl sitzt, direkt nach dem Grund seiner Behinderung fragen:

»Unfall gehabt?«

Wenn ihr überlegt, ob das ein guter Gesprächsbeginn wäre, dann versucht, euch in die Situation eures Gegenübers zu versetzen. Vielleicht hat er oder sie ja wirklich ein traumatisches Erlebnis hinter sich und möchte nicht daran erinnert werden.

Was ich damit sagen will: Gute Gespräche beginnen anders – und vorsichtiger. Oft gelingt der Einstieg, wenn jemand erst mal seine Sorgen oder seinen Ärger loswerden kann. Die lange Zeit der Pandemie hat uns alle einsamer und dünnhäutiger gemacht. Vielen geht es psychisch immer noch nicht gut. Wir bräuchten dringend viel mehr Mitmenschen, die offen und einfühlsam Gespräche anfangen. Ihr fragt euch, wie man das bei einem völlig fremden Menschen anstellen soll?

Glaubt mir: Man kann das üben.

Ich spreche in Köln beispielsweise viel mit obdachlosen Menschen. Denen muss ich nicht jedes Mal Geld geben, um mit ihnen in Kontakt zu kommen – manchmal habe ich auch gar keins dabei. Das macht nichts. Ich bleibe einfach stehen. Fahre mit dem Rollstuhl ran, stoppe. Ohne Eile. Ich stelle gar nicht sofort eine Frage. Manchmal nicke ich nur, grüße freundlich. Mehr als das braucht es oft gar nicht. Schon sprudelt es aus den Menschen heraus. Sie erzählen mir, was sie gerade beschäftigt: die Straße, die Kälte, die Passanten. Der Hunger, das Geld. Manchmal komme ich bei den Geschichten nicht ganz mit, manchmal entlädt sich einige Minuten lang der geballte Frust. Ich höre nur zu. Ich unterbreche die Monologe nicht, ich warte geduldig ab, bis die Gefühle raus sind. Nach einer Weile wird die Stimme meines Gegenübers meistens ruhiger und die Stimmung sanfter. Jetzt kann ich nachfragen, einhaken.

So läuft es oft zwischen mir und einer obdachlosen Frau, nennen wir sie Steffie.

Steffie braucht immer erst mal drei Minuten. Drei Minuten Schimpfen über Gott und die Welt. Danach ist ihre Laune wieder gut. Nach ihrer Tirade frage ich sie jedes Mal:

»Brauchst du was?«

»Nee«, ist ihre Standardantwort. »Nee, alles cool. Ich brauche nichts.«

Was sie gebraucht hat, war dieser kleine verbale Vulkanausbruch. Nicht mehr, aber auch nicht weniger.

Aus den Gesprächen mit Steffie habe ich gelernt: Was sich angestaut hat, muss raus. Sonst brodelt es innen drinnen immer weiter. Aber wie und wo kann man mal richtig Dampf ablassen – vor allem, wenn man auf der Straße lebt und wenig Aufmerksamkeit erfährt? Menschen, denen kaum oder nie zugehört wird, haben ein Problem. In ihrem Alltag gibt es ein Ungleichgewicht. So viele Eindrücke und Erlebnisse – und keiner da, mit dem man sie teilen kann.

Das drängende Mitteilungsbedürfnis kennen wir alle auch aus unseren Freundschaften oder Beziehungen. Es tut so gut, wenn man sich nach einem miesen Tag mal richtig bei einer vertrauten Person auskotzen darf. Zehn Minuten Redeschwall, jammern und klagen über dies und das und überhaupt … Puh, jetzt geht's besser.

Wer dieses Ventil nicht hat, dem fehlt definitiv was im Leben.

Jeder Mensch will gehört werden. Das ist eine Binsenweisheit, klar. Aber leben wir als Gesellschaft danach? Kaum. Ich habe mich als Teenager auch lange ungehört gefühlt. Das war einer der Gründe, warum ich mit den Videos im Internet angefangen habe.

Die Probleme, von denen ich in den Gesprächen mit obdachlosen Menschen erfahre, ähneln sich oft. Die meisten leben an den Kölner Ringen, entlang der mehrspurigen Straßen, die die Altstadt halbkreisförmig umgeben. Dort auf den breiten Bürgersteigen, zwischen Parkhäusern, Restaurants und Geschäften haben sie ihre Matratzen, Taschen und Tüten liegen. Auch an den U-Bahn-Stationen kampieren etliche. Viele kenne ich, weil ich dort immer wieder vorbeikomme und wir uns schon oft unterhalten haben.

Da ist zum Beispiel der Mann mit den Tauben. Er ist immer umringt von Dutzenden flatternden Vögeln. Eines Tages hatte er gute Nachrichten:

»Ich habe eine Wohnung in Aussicht. Bald ziehe ich da ein.«

Ob die Zusage sicher und der Mietvertrag schon unterschrieben ist, konnte er mir nicht so genau erklären.

»Aber in ein, zwei Wochen kriege ich den Schlüssel. Auf jeden Fall. Das steht fest.«

Ich freute mich mit ihm.

Eine Weile sah ich ihn dann tatsächlich nicht mehr.

Doch nach zwei Monaten saß er wieder da, umringt von den Tauben, die er so liebt.

Was war passiert? Ich weiß es nicht. Vielleicht ist er nie eingezogen. Oder er hat es probiert mit einem festen Wohnsitz, aber es hat für ihn nicht funktioniert. Vielleicht hat irgendjemand irgendetwas verkackt, mit dem Vertrag, mit dem Amt, mit dem Vermieter. Oder es gab nie eine Wohnung. Na und? Ich urteile nicht darüber, ich bohre auch nicht penetrant nach. Würde er mit mir darüber reden wollen, könnte er es ja tun. Aber er erwähnte das Thema nie wieder.

Jedenfalls sitzt er jetzt wieder auf seinem alten Stammplatz und wir quatschen jedes Mal, wenn ich vorbeikomme. Nicht, weil ich ihm unbedingt zu einer neuen Wohnung verhelfen will oder weil er mir unendlich leidtut oder weil ich ein verstecktes Helfersyndrom habe. Sondern, weil er einfach ein cooler Typ ist. Die Tauben mögen ihn und chillen mit ihm, sogar, wenn er nichts hat, mit dem er sie füttern kann. Und ich denke mir: Die Tauben haben recht, er ist etwas Besonderes.

Es ist mir bewusst, dass es schnell einen faden Beigeschmack hat, wenn sich Leute wie ich für obdachlose Menschen engagieren – und das Ganze noch auf ihren Kanälen zur Schau stellen. Irgendwas mit Charity machen, das wollen viele. Vor allem wollen sie sich damit profilieren. Deshalb halte ich diese alltäglichen Gespräche auf den Straßen in Köln weitgehend privat und erzähle hier nur davon, weil mich diese Begegnungen verändert haben. Ich habe schon oft darüber nachgedacht, warum mir diese Unterhaltungen so viel bedeuten … Vielleicht, weil es ehrliche, offenherzige Dialoge ohne Hintergedanken oder versteckte Absichten sind?

Einige Male habe ich das Thema Obdachlosigkeit beruflich schon aufgegriffen. Einmal habe ich einen Mann, der auf der Straße lebt, ein Jahr lang begleitet. Erst ohne, dann mit der Kamera. Daraus sind am Ende drei Videos entstanden. Getroffen haben wir uns viel öfter, sicher rund zwanzigmal. Immer wieder waren wir gemeinsam Kaffeetrinken und er hat mir erzählt, was in seinem Leben gerade so passiert. Es wird immer Menschen geben, die sagen, dass ich das nur aus PR-Gründen mache. Das ist mir völlig egal, das kann ich gut aushalten.

Viel entscheidender für mich ist, welche Wirkung die Videos (oder jetzt dieses Kapitel im Buch) erzielen. Wenn von hundert Leuten auch nur zehn etwas von der Kernbotschaft mitnehmen, bin ich zufrieden. Ich habe es schon oft in die Kamera gesagt und ich schreibe es auch hier noch mal mit Ausrufezeichen hin: Wenn ihr ein paar Euros übrig habt, die ihr einem Menschen geben könnt, der bettelt oder auf der Straße lebt, dann ist es super! Wenn ihr gerade keine Euros in der Tasche habt, ist das ebenso super. Denn das Kostbarste ist eure Aufmerksamkeit!

Ein freundliches Gespräch.

Ein offenes Ohr.

Weil das unser aller Lebenselixier ist.

Auch Steffie, die obdachlose Frau aus Köln, hatte eines Tages plötzlich mehr Redebedarf als sonst. Ihr Arm tue ihr weh, sie habe Stress gehabt und jetzt könne sie sich nicht mehr richtig bewegen, erzählte sie mir. Und die Schmerzen plagten sie schon eine ganze Weile.

»Warst du mal beim Arzt?«, fragte ich.

»Nein, ich weiß nicht.«

»Kennst du denn einen Arzt, zu dem du gehen könntest?«

»Ja, doch, eigentlich schon.«

Sie sei krankenversichert, sagte sie, aber sie traue sich nicht in die Praxis.

Bei akuten Schmerzen dürfe man sie nicht wegschicken, erwiderte ich.

Und: »Soll ich dir helfen, einen Termin zu machen?«

»Nee.«

Dann wechselte sie das Thema.

Kurze Zeit danach, bei unserer nächsten Begegnung, erzählte sie mir, dass sie beim Arzt gewesen war. Der Arm sei zum Glück nicht ernsthaft verletzt. Sie hatte was gegen die Schmerzen bekommen und fühlte sich jetzt schon viel besser. Ich bin nicht sicher, ob unser kleiner Dialog einen Anstoß gegeben hatte. Es war auch völlig irrelevant. Sie hatte sich behandeln lassen – das war die Hauptsache. Zu erfahren, dass es ihr mittlerweile besser ging, gab *mir* wiederum für mindestens eine Woche positive Energie.

Auch wenn diese Geschichte ein schönes Ende hat, möchte ich hier bitte nicht missverstanden werden: Man sollte sich keineswegs auf obdachlose Menschen stürzen mit dem drängenden Wunsch, dass deren Leben durch eine einmalige Begegnung schlagartig »besser« wird. Das wäre ja auch total überheblich. Wer Dankbarkeit erwartet und ein Happy End – obdachloser Mensch von mir persönlich gerettet –, der ist wahrscheinlich noch nicht ganz wach. Denn eigentlich wissen wir alle, dass die Welt so nicht läuft. Das gibt's nur im Film. Der ist aber nach zwei Stunden vorbei, während das Leben da draußen weitergeht.

Seht es doch mal so: Wir müssen uns nicht verkleiden und als heiliger St. Martin auftreten. Es geht nur darum, dass wir alle jeden Tag ein bisschen rücksichtsvoller und fürsorglicher miteinander umgehen, auch beim Zusammentreffen mit Menschen, die wir überhaupt nicht kennen und die nicht aus unserer sozialen Blase kommen. Denn nur so schwächen wir die Arschlöcher auf dieser Welt. Und von denen gibt's leider immer noch mehr als genug.

Daher mein Vorschlag: Versucht mal, bei der nächsten Gelegenheit eure Zeit an Fremde zu verschenken. Auch wenn ihr den Kopf gerade komplett voll mit eigenem Kram hat. Aber come on, was sind schon fünf bis zehn Minuten? Die verplempern wir täglich Dutzende Male (und sei es auf Instagram oder beim Rauchen).

Ich verspreche euch, diese Gespräche werdet ihr nie bereuen.

Lesetipp:
»Wie man Freunde gewinnt«
von Dale Carnegie

Ich gebe es offen zu: Ein großer Leser bin ich nicht. Für Romane habe ich mir selten Zeit genommen. Aber ich mag unterhaltsame, informative Sachbücher, die mich zum Denken anregen. (Das war auch eine der Motivationen, dieses Buch zu schreiben.) Zuletzt habe ich »Eat that frog« von Brian Tracy gelesen. Super einfach geschrieben, also auch für so Buch-Dullis wie mich geeignet. Morgens gleich die Kröte schlucken, das ist die Message des Buchs. Soll heißen: unangenehme Aufgaben am besten immer zuerst erledigen. Wenn man beruflich etwas anpacken möchte, sind die Ratschläge total hilfreich. Aber eigentlich wollte ich euch ein anderes Buch empfehlen, eines, das mich wirklich geprägt hat. Es heißt »Wie man Freunde gewinnt« und wurde schon in den 1930ern von dem US-Amerikaner Dale Carnegie geschrieben. Ich habe es vor einigen Jahren empfohlen bekommen – und regelrecht verschlungen. Es ist genial geschrieben, quasi eine Bibel der Zwischenmenschlichkeit. Es hat mir gezeigt, wie wir uns gegenseitig das Leben leichter machen können. Oder, wie Carnegie es ausdrückt: »Wenn Sie echte Freundschaft suchen, wenn Sie anderen und sich gleichzeitig helfen wollen«, dann gäbe es nur eine Regel: »Interessieren Sie sich aufrichtig für die andern.« Carnegie erklärt, warum der Trieb nach Anerkennung bei uns Menschen absolut zentral ist. Und wie zollt man Anerkennung oder zeigt aufrichtiges Interesse? Durch kleine Gesten und Gespräche im Alltag. Und wenn ihr wollt, dass euer Gegenüber sich dabei wohlfühlt, dann sollten eure Fragen möglichst frei von Unterstellungen, versteckten Vorverurteilungen oder aufgesetzter Freundlichkeit sein. Wenn ich einen fremden Menschen frage, wie es ihm geht oder was ihn bewegt, bin ich idealerweise ganz leer. Ich gehe nicht in ein Gespräch, um jemanden zunächst auszuhorchen und anschließend abwertend mit dem Finger auf ihn zu zeigen. (Das hat übrigens schon meine Oma zu mir gesagt: Wenn du mit deinem Finger auf andere zeigst, zeigen drei Finger zurück auf dich.) Ich frage, weil mich die Antwort und der Mensch hinter der Antwort wirklich interessieren. Ich glaube, diese Aufrichtigkeit spüren die Leute. Vielleicht habe ich deshalb bisher auf fast alle meine Fragen Antworten bekommen.

6

Schule für alle = Schule des Lebens

Habe ich meine riesen Fußballbegeisterung schon erwähnt? Noch nicht? Ich kenne seit meiner Kindheit die Namen aller Spieler in allen Bundesliga-Vereinen. Und natürlich habe ich früher »FIFA« auf der Konsole gezockt, stundenlang, tagelang. Selbst aktiv Fußball spielen konnte ich nie, aber die Anlagen waren da. Bällen bin ich jedenfalls schon mit drei Jahren mit großer Freude hinterhergelaufen. Als das nicht mehr ging, stiegen meine Freunde, mein Bruder und ich auf ein neues Spiel um – von uns selbst ausgedacht:

Crawling Ball.

Zunächst spielten wir es krabbelnd im Wohnzimmer, der Ball wurde mit den Händen hin und her geschlagen. Meine Mutter nahm es schulterzuckend und innerlich schmunzelnd hin, auch wenn natürlich immer mal wieder etwas zu Bruch ging. Später exportierten wir das Spiel nach draußen, in den Gemeinschaftsgarten unseres Wohnblocks. Plötzlich spielten alle Kinder der Nachbarschaft krabbelnd Ball.

Aus der heutigen Perspektive finde ich das großartig – ein Paradebeispiel für Inklusion, wie ich sie mir in vielen alltäglichen Situationen wünsche. In diesem Fall ganz ohne elterliche Einmischung, ohne sozialpädagogisches Konzept, ohne irgendwelche Vorgaben von Erwachsenen. Manchmal muss man Kinder einfach machen lassen, dann lösen sie die kompliziertesten gesellschaftlichen Probleme ganz nebenbei. Auch in der Grundschule gab es solche Effekte: Wenn wir als Klasse auf dem Schulhof Fangen spielten, dann war klar, dass jeder dabei sein eigenes Tempo hatte. Ich spielte selbstverständlich mit, aber wer mich fangen wollte, der durfte nur gehen – nicht rennen. Eine faire Regel. Wir hatten sie gemeinsam ausgehandelt und sie funktionierte für uns alle gut.

Ich war in der Schule weder Rebell noch Außenseiter, sondern kam eigentlich immer mit allen gut zurecht. Ich war akzeptiert und integriert – obwohl diese mysteriöse Erkrankung meiner Knochen, die niemand kannte und niemand außer mir hatte, mich immer wieder tage- oder wochenlang ins Krankenhaus brachte. Einmal wurde ich dabei sogar von einem WDR-Fernsehteam begleitet, das einen Beitrag über die Uniklinik und die Erforschung seltener Krankheiten drehte. Irgendwo im Archiv des Senders müssten diese Bilder wahrscheinlich noch zu finden sein.

Der Gedanke: Warum musste ausgerechnet mich diese Krankheit treffen? – der kam mir als Grundschulkind nicht. Das ging erst später los, in der Pubertät. Als Kind denkt man nicht in Begriffen wie Zufall oder Schicksal. Die Tage bestehen aus Routine: morgens aufstehen, zur Schule, danach Hausaufgaben, spielen und mal sehen, was sonst noch passiert. Selbst über weiterführende Schulen – und wie es dort für mich werden sollte – habe ich kaum nachgedacht.

Um meinen zwölften Geburtstag herum war die Therapie, die meine Knochendichte verbessern sollte, endgültig abgeschlossen. Aus dem Hochrisikobereich war ich jetzt raus. Zwar waren meine Knochen immer noch nicht im grünen Bereich, aber immerhin im gelben. Und das meine ich wörtlich: In dem Koordinatensystem (x-Achse: Alter, y-Achse: Knochendichte), in das meine Messdaten im Krankenhaus regelmäßig eingetragen wurden, gab es tatsächlich einen roten, einen orangen, einen gelben und einen grünen Bereich. Endlich war ich aus der roten und der orangefarbenen Zone raus! Mit gelb kommt man im Leben zurecht, auch wenn es nicht der Idealzustand ist. Aber ein besserer Status quo war durch das Medikament für mich nicht erreichbar.

Ich hatte nun Knochen wie ein älterer, schwacher, völlig untrainierter Mensch.

Wie jemand, der seit Jahrzehnten am Laptop sitzt und sich nie mehr als nötig bewegt hat.

Aber das war für meine Verhältnisse absolut grandios.

Knochendichte wird immer für den gesamten Körper

gemessen und als Durchschnittswert wiedergegeben, dabei sind meine Knochen sehr unterschiedlich stabil. Verrückterweise ist mein Schädelknochen gar nicht betroffen. Man könnte sagen: Ich war schon immer ein ziemlicher Dickkopf. Die Krankheit betrifft dafür den gesamten Rest des Körpers. Und innerhalb meines Körpers gibt es noch mal große Unterschiede. Durch das jahrelange Basketballtraining und den Armeinsatz beim Rollstuhlfahren war mein Oberkörper in der Jugend bald in viel besserem Zustand als mein Unterkörper. Das heißt: Oben war ich fit und kräftig, aber meine Beinknochen waren weiterhin wie aus Glas. Das hat das Laufen damals unmöglich gemacht. Womit wir wieder beim Teufelskreis wären: Denn wo keine Bewegung ist, wachsen keine Muskeln. Und wo kaum Muskeln sind, kann auch der Knochen nicht stärker werden.

Immerhin war ich gesundheitlich nun soweit stabilisiert worden, dass ich zusammen mit meinem Schulbegleiter den Schulwechsel auf eine Integrative Gesamtschule schaffte. Gewechselt wird in Nordrhein-Westfalen nach der vierten Klasse. Viele meine Bonner Freunde gingen zum Gymnasium, und auch meine Noten hätten dafür locker gereicht. Doch aufgrund meines Rollstuhls lehnte mich das Gymnasium ab. Das Argument: es seien keine Aufzüge vorhanden. Und was helfen die größte Lernmotivation und die besten Noten, wenn ich die Treppen zum Klassenzimmer nicht hochkomme?

Anders in der Integrierten Gesamtschule (IGS) Bonn-Beuel. Dort herrschte kein Mangel an Aufzügen. Das war cool, denn dadurch konnte ich fast jede Ecke des Schulgebäudes eigenständig erreichen. Auch sonst war es die absolut richtige Entscheidung, an diese Schule zu wechseln: Die IGS lag nur 20 Minuten Fahrtzeit von unserer Wohnung entfernt und hatte einen sehr guten Ruf. Der Schulleiter engagierte sich damals sehr, später wurde er sogar noch Bürgermeister. Auch die Lehrerinnen und Lehrer waren total motiviert – und sie hatten Lust, sich auf mich einzustellen. »Den nehmen wir auf, das trauen wir uns zu!« Das war ihre Haltung. Das überzeugte meine Mutter und mich sofort.

Lediglich der Schulweg stellte ein ziemliches Hindernis dar. Ich musste tatsächlich mit meinem Lernbegleiter ein spezielles Großraum-Taxi benutzen, der Rollstuhl kam in den Kofferraum. Taxifahren klingt aufregender, als es auf Dauer ist. Ich wäre lieber selbständig gewesen und hätte mit meinen Freunden die Straßenbahn genommen. Doch daran war zunächst nicht zu denken. Nicht mal den Schulranzen konnte ich mit dem Rollstuhl alleine transportieren, den schleppte der Lernbegleiter. Mit den Jahren wurde mein Wille zur Unabhängigkeit immer stärker. Ich wollte das alles alleine schaffen! Dafür übte ich ständig: Bürgersteige überwinden, in öffentliche Verkehrsmittel einsteigen, den schweren Ranzen selbst irgendwie transportieren.

Nach drei langen Jahren konnte ich meinen Wunsch dann endlich verwirklichen: Ich stieg ab der achten Klasse mit meinen Freunden morgens zusammen in die Straßenbahn! Das war voll das Ding für uns: morgens und nachmittags unbeaufsichtigt an der Haltestelle und in der Bahn quatschen und Blödsinn machen. Für die anderen Kinder völlig normal, für mich ein riesen Fortschritt in meinem Leben.

Inklusive Schulen in Deutschland

In meiner Schulzeit war ich ein Kind mit einem offiziell festgestellten »Förderbedarf«. Davon gibt es in Deutschland mehr als eine halbe Millionen Schüler – also nicht gerade wenige. Auch wenn sie alle in der gleichen bürokratischen Schublade stecken, sind ihre Förderbedarfe aber sehr individuell. Förderbedarfe haben zum Beispiel Kinder, die nicht oder kaum sehen oder hören können, Kinder mit Schwierigkeiten beim Lernen oder Sprechen, Kinder mit körperlichen Handicaps, mit geistigen Behinderungen, mit chronischen Krankheiten, mit emotionalen oder sozialen Auffälligkeiten. Die einen brauchen, wie ich, barrierefreie Gebäude und sorgfältige Absprachen bei Ausflügen und Klassenfahrten, andere sind auf spezielle technische Geräte im Klassenzimmer oder auf die Betreuung durch Lernbegleiter oder Sonderpädagoginnen angewiesen. In meiner Klasse gab es noch fünf weitere Kinder mit Förderbedarf, aber keine mit körperlichen Einschränkungen. Die anderen hatten eher Lern- oder Konzentrationsschwierigkeiten. Sie saßen meistens zusammen an einem Tisch und bekamen separate Aufgaben. Auch sie brauchten von den Lehrern besondere Aufmerksamkeit – aber auf eine ganz andere Art und Weise als ich. Aber noch mal zurück zur offiziellen Statistik: Im Schuljahr 2019/20 besuchten laut Statistischem Bundesamt 325 000 Kinder mit Förderbedarfen spezielle Förderschulen, nur rund 243 000 wurden – wie ich damals – in integrativen Regelschulen unterrichtet. Viele Menschen halten die deutsche Inklusionsquote immer noch für viel zu niedrig. Dass ich einer davon bin, könnt ihr euch denken.

Heute vermutet niemand, der mich im Rollstuhl oder Auto durch Köln fahren sieht, dass mich das Thema Selbständigkeit damals so intensiv beschäftigt hat. Ich brauchte den Schulbegleiter ja lange auch dringend – schon zu meinem eigenen Schutz. Er war wie mein Schatten. Wenn ein Kind neben mir stolperte, schirmte er mich ab. Wenn der Rollstuhl zu kippen drohte, hielt er ihn fest. Fast wie ein Bodyguard, der seinen Schützling nicht eine Sekunde aus den Augen lässt. Immer in meiner Nähe. Ich wusste das durchaus zu schätzen, außerdem mochten wir uns und kamen gut miteinander aus. Das Problem war eher grundsätzlicher Natur: Ich hatte zunehmend keinen Bock mehr auf eine permanente Betreuung. Ich war ein Teenager und wollte cool sein.

Dass mir der Schritt in die Eigenständigkeit gelang und ich mich schließlich auch in der Klasse und im Schulgebäude ohne Begleiter bewegen konnte, das verdankte ich nicht nur meinem sturen Willen und dem Verständnis meiner Mutter – sondern auch meinen Mitschülerinnen und Mitschülern. Vom Anfang der fünften bis zum Ende der siebten Klasse hatten sie mich, meine empfindlichen Knochen und meinen Rollstuhl sehr gut kennengelernt. Sie wussten, worauf man bei mir achten musste. Nur durch ihre Erfahrung und Rücksichtnahme gelang uns die Inklusion. Ich profitierte unendlich davon. Aber auch der Rest der Klasse profitierte, dass alle so unterschiedlich waren.

Es war für uns total normal, *verschieden* zu sein.

Trotzdem wäre es gelogen, wenn ich behaupte, dass bis zum Abitur immer alles glatt ging und es nie irgendwelche Konflikte gab. Natürlich erlebte ich Situationen, in denen meine Klassenkameraden genervt davon waren, dass es für mich mal wieder eine Extrawurst gab. Beispiel Klassenarbeiten: Durch die vielen Brüche in den Hand- und Fingerknochen sind meine Finger relativ krumm. Das sieht schlimmer aus, als es ist, aber meine Feinmotorik ist dadurch eingeschränkt. Mit der Hand zu schreiben stellte für mich als Schüler eine gewisse Anstrengung dar. Daher bekam ich in der Oberstufe seitens der Schule einen sogenannten Nachteilsausgleich. Ich durfte bei Tests oder Klausuren immer einen Teil der vorgegebenen Zeit länger schreiben.

Manchmal habe ich mich mitten in der Klausur im Rollstuhl nach hinten gelehnt, meinen Rücken entspannt und meine rechte Hand zu lockern versucht. Oder ich habe ein bisschen was gegessen und getrunken und danach erst weitergeschrieben.

Das kam teilweise nicht gut an. Ich verstehe, dass manche in meiner Klasse bei diesem Anblick einen Hals gekriegt haben. Weil sie vielleicht auch eine Viertelstunde länger gebraucht hätten. Oder weil sie durch den Zeitdruck die letzten zwei Aufgaben nicht mehr geschafft hatten – geschweige denn, dass sie zwischendurch eine Essenspause einlegen konnten. Während Leeroy scheinbar mal wieder alle Zeit der Welt hatte …

Da flog dann eben auch mal eine bissige Bemerkung zu mir rüber. Als Teenager hat man ohnehin oft eine kurze Zündschnur – und Beleidigungen kommen schnell über die Lippen. Mit diesem gelegentlichen Neid konnte ich nur schwer umgehen. Manchmal versuchten meine Mitschülerinnen und Mitschüler, mir meine Leistungen nachträglich madig zu machen. Es hieß, ich sei ja nur wegen des Rollstuhl-Bonus so gut in der Schule. Ich wusste, dass das nicht stimmte, aber es kränkte mich trotzdem. Bis ich mir dann eine Antwort überlegte, sowas wie: »Naja, du könntest gerne mehr Zeit bekommen – aber dann nimm auch mein Handicap, okay?«

Manchmal spielte mir meine Sonderrolle zugegebenermaßen in die Hände. Aber regelmäßig ärgerte sie mich auch. Etwa beim Sportunterricht oder den jährlichen Bundesjugendspielen: Weil ich nicht mitmachen durfte, wurde ich oft am Spielfeldrand als Schiedsrichter mit Trillerpfeife eingeteilt. Oder ich musste, während die anderen ihre Hoch- und Weitsprünge absolvierten, die Messergebnisse in irgendwelche Tabellen eintragen – was auch total kacke war. Denn ich war ja mega sportbegeistert, vor allem, wenn es um Ballsportarten ging. Innerlich kotzte ich in solchen Situationen richtig ab: Warum konnte ich nicht in irgendeiner Form aktiv mitmachen?

Als in der neunten Klasse ein Austausch mit einer Schule in Frankreich stattfinden sollte, fand sich auf der französischen Seite keine Familie, die sich zugetraut hätte, ein Kind mit Rollstuhl aufzunehmen. Das bedeutete: Alle aus unserem Französischkurs fuhren los, nur ich blieb zu Hause und besuchte den Unterricht der Parallelklasse. Das machte mir in diesem Fall aber wenig aus; ich war ohnehin nicht so scharf auf den Austausch gewesen. Ganz anders bei unseren Klassenfahrten oder Ausflügen: Da wollte ich unbedingt mit. Die Ziele mussten von den Lehrern entsprechend ausgesucht werden. Das hat auf dem ein oder anderen Elternabend durchaus für Diskussionen gesorgt. Nicht immer sahen alle Eltern ein, warum man auf mich Rücksicht nehmen sollte. Ausflug in einen

Kletterwald? Geile Idee – aber eben nicht, wenn eins der Kinder der Klasse im Rollstuhl sitzt.

Oder die Sache mit der Skifreizeit: Sie stand im Schulprogramm, aber die Schule fand es nicht nötig, dass ich auch mit auf die Piste komme. Ohne das erneute Engagement meiner Mutter und meiner Trainerin vom Rollstuhlsport hätte ich in unserer Unterkunft mit einem Sonderpädagogen nur die neue Xbox getestet, während die anderen beim Skikurs waren. Das wussten die beiden zu verhindern: Ich bekam stattdessen eine Sportstudentin an meine Seite, die mit mir mit einem Bi-Ski durch den Tiefschnee gedüst ist. Ich saß festgeschnallt auf einem Sitz, der auf zwei Skiern montiert war. In den Händen hielt ich die Skistöcke zum Balancieren und Lenken. Hinter mir stand die Skibegleiterin und half mir mit den Kurven. So sind wir tagelang im Tandem die Berge runtergecruist – eine hammer Erfahrung! Die ich fast nicht hätte machen dürfen.

Insgesamt, das kann ich rückblickend sagen, war es in der Grundschulzeit einfacher als in der Pubertät, ein besonderes Kind unter vielen »normalen« Kindern zu sein. In der Grundschule fanden alle meinen Rollstuhl faszinierend und Konkurrenzdenken und Notendurchschnitte spielten in unseren Köpfen keine Rolle. Ich gehörte einfach dazu. In der Mittelstufe wurde aus dem Handicap immer mal wieder ein Anlass für Sticheleien. Generell wurde der Umgang während der Pubertät untereinander unsanfter. Das bekam auch ich zu spüren: Vereinzelte fiese Kommentare zu meinem Rollstuhl oder zu meiner Krankheit blieben nicht aus.

Alles im allem aber ziehe ich eine sehr positive Bilanz

meiner Schulzeit: Ich wurde zu keinem Zeitpunkt an den Rand der Klasse gedrängt. Zwar kenne ich Ansätze von Ausgrenzung aus eigenem Erleben. Das hat mir aber später beruflich sehr geholfen. Denn bei vielen meiner Interviews spielt Mobbing in der Vergangenheit eine große Rolle, dazu komme ich noch. Insgesamt aber war ich ein Schüler, auf den meistens große Rücksicht genommen wurde und den die Klasse regelmäßig zum Klassensprecher wählte. Einmal sogar in Abwesenheit.

Die Nachricht erreichte mich im Krankenhaus nach einem erneuten Knochenbruch – und sie bedeutete mir wirklich viel.

7

Behutsam sein, ohne sprachlos zu werden

Sprache ist die Basis unserer Verständigung. Klar – aber welche Sprache?

Ich habe schon als Teenager gemerkt, dass Menschen sehr verschieden sprechen und dass ich mich situativ anpassen muss. Ich wusste, wann beispielsweise ein lockeres »Bruder«, »Digga« oder »Alter« in eine Unterhaltung passt und wann eher nicht. Mein Übungsplatz war meine Gesamtschule. Dort mischten sich Kinder aus unterschiedlichsten sozialen Schichten. Ich war mit vielen eng befreundet, mit den Kids aus dem »Ghetto« ebenso wie mit den Ärztekindern aus gutbürgerlichen Gegenden.

Man merkte schon an ihrer Sprache, dass sie komplett anders aufwuchsen. Es gibt ja nicht die *eine* Jugendsprache. Genauso, wie es nicht die Sprache der Boomer oder der Millennials gibt. Verschiedene Alters- und Bevölkerungsgruppen haben ihre jeweils eigenen Codes, nutzen andere Begriffe und haben einen Humor, den nur sie und ihre Blase verstehen.

Als ich mit meinen Interviews anfing und mal Teenager, mal ältere Erwachsene, mal Menschen ohne Schulabschluss, mal welche mit Doktortitel vor mir sitzen hatte – da war ich anfangs unsicher, ob es gut ist, wenn ich mich sprachlich jeweils ein bisschen veränderte. Sollte ich das lieber bleiben lassen, weil es irgendwie unehrlich oder unauthentisch ist? Ich habe darüber mit einigen Leuten gesprochen, das Thema hat mich echt beschäftigt. Aber dann merkte ich, dass wir das auch im Alltag oft machen. Wir stellen uns rhetorisch auf die Person ein, die uns gerade gegenübersteht. Und ist das nicht in Wahrheit eine große Qualität, weil es uns hilft, zum Gegenüber eine Brücke zu schlagen?

Trotz aller Anpassungsfähigkeit habe ich natürlich meine eigene sprachliche Mitte und eine Ausdrucksweise, mit der ich mich wohlfühle. Und natürlich achte ich darauf, keine verletzenden Begriffe zu verwenden. Trotzdem gefällt nicht jedem mein sprachlicher Stil. Eine kleine, aber durchaus wahrnehmbare Minderheit findet meine Ausdrucksweise sogar richtig blöd. Weil ich ihrer Meinung nach nicht sensibel genug bin. Wenn ich zum Beispiel einen jungen Mann im Gespräch frage: »Und, wie läuft's mit den Mädels?« – dann ist das ihrer Ansicht nach erstens herabwürdigend gegenüber erwachsenen Frauen, und zweitens auch noch unnötig heteronormativ. Warum habe ich nicht gefragt: »Und, wie läuft's mit der Liebe?«

Es ist online gerade eine ziemlich heiße Zeit, Stichwort Cancel Culture, und das bedeutet auch, dass jeder, der sich mit Äußerungen in die Öffentlichkeit wagt, ein persönliches Risiko eingeht. Es besteht durchaus die Gefahr, aus dem Zusammenhang gerissen oder für einzelne verunglückte Formulierungen monatelang kritisiert zu werden. Viele prominente Beispiele der letzten zwei Jahre zeigen das. Im schlimmsten Fall werden dabei Existenzen zerstört.

Mir macht diese Entwicklung große Sorgen. Okay, jemand hat sich möglicherweise falsch oder schief oder unpassend oder missverständlich ausgedrückt. Hat ein Wort benutzt, das vor ein paar Jahren noch alltäglich war, aber heute (zu Recht) verpönt ist. Ist bei Schimpfwörtern kurz in alte Muster gefallen. Vielleicht rutschte live vor Aufregung etwas raus, was sich dann nicht mehr zurückdrehen ließ. Auch wenn die Person es sofort bemerkt und sich korrigiert oder sogar entschuldigt hat. Ist das ein Grund, einen Menschen wochen- oder monatelang im Netz zu verfolgen und ihm womöglich beruflich auf ewig alles verwehren zu wollen? Warum ist der Erregungslevel immer so schnell so hoch?

Oft finde ich, dass diese »Skandale« vonseiten der Ankläger sehr selbstgerecht angeprangert werden. Gibt es dazu nicht so ein berühmtes Bibelzitat: Wer ohne Sünde ist, der werfe den ersten Stein …? Wer kann denn von sich behaupten, im Leben zu allen Zeiten immer komplett korrekt und kerzengerade unterwegs gewesen zu sein? Niemals irgendeinen Fehler gemacht oder ein einziges falsches Wort gesagt zu haben? Ich sicher nicht.

Angeblich sind wir, die 20- bis 30-Jährigen, eine sehr gechillte Generation, tolerant, offen, friedliebend. Eine Generation, die lieber ihre Freizeit genießt und mit Freunden abhängt, als sich für eine Karriere kaputt zu machen. Aber es gibt eben auch Bereiche, da sind einige von uns überhaupt nicht gechillt. Sondern im Gegenteil sogar ziemlich dogmatisch. Sprache ist in den letzten zwei, drei Jahren so ein Schlachtfeld geworden. Der Streit darüber, was man wie sagen darf oder nicht, wird innerhalb einer kleinen Blase hitzig ausgetragen.

Diese Minderheit sieht sich im Recht und macht Druck auf andere, vor allem in den Sozialen Medien. Versteht mich nicht falsch: Es geht mir nicht darum, dass wir bestimmte Debatten – beispielsweise über das N- oder das Z-Wort, oder über sexistische oder homophobe Ausdrücke – nicht führen sollten. Sollten wir unbedingt! Aber wenn das dazu führt, dass irgendwann theoretisch alles unerträglich und unangemessen klingen könnte, jede Anrede, jede Gruppenzuordnung, jede Bezeichnung, dann läuft doch etwas aus dem Ruder. Was geht dann überhaupt noch? Darf ein nicht im Rollstuhl sitzender Mensch mich noch freundlich fragen, ob wir zusammen »einen Kaffee trinken *gehen*«? Oder könnte ich dafür schon einen Shitstorm über ihm auskübeln? Schließlich »gehe« ich nicht, ich fahre!

Achtung: Absurditätswarnung

Vor viele meiner Videos sind mittlerweile Triggerwarnungen geschaltet: »Achtung, in diesem Video geht es um Missbrauch.« »Achtung, in diesem Video wird über Suizid gesprochen.« »Achtung, dieses Video thematisiert Magersucht.« Gerade bei diesen Themen finde ich das richtig und wichtig. Doch das reicht einigen Kritikern nicht. Mir wurde tatsächlich schon vorgeworfen, dass ich auch mit meinen Triggerwarnungen Leute triggern würde. Weil das Wort »Triggerwarnung« an sich schon toxisch ist? Ich weiß es nicht. Jedenfalls wurde mir nahegelegt, vor die eigentliche Triggerwarnung noch den Hinweis »TW« einzufügen. Das bedeutet dann: Achtung, gleich kommt hier eine Triggerwarnung, in der, Achtung, auf ein bestimmtes Thema hingewiesen wird, um das es, Achtung, im anschließend beginnenden Video gehen wird. Wenn ich sowas höre, platzt mir echt der Kopf. Sorry, Leute.

Natürlich gefällt nicht jedem, was ich tue. Zum Beispiel: meine Art, ziemlich direkt und konkret zu fragen. Ist das nicht übergriffig? Finde ich nicht. Außerdem beginne ich jedes Gespräch mit dem Hinweis, dass der oder die Interviewte jederzeit eine rote Linie ziehen kann: »Ich werde dir gleich einige Fragen stellen, aber wenn es irgendwas gibt, was du nicht beantworten möchtest, dann musst du das nicht.« Trotzdem hieß es hinterher manchmal schon, ich sei gefühllos, stelle mich über meine weiblichen Gäste oder – noch schlimmer – ich sei ein Mansplainer. Also ein Mann, der Frauen ständig unterbricht, um ihnen dann wortreich und von oben herab die Welt zu erklären. (Auch nach der Begegnung mit Clarissa, von der ich gleich erzählen werde, kamen vereinzelt diese Kommentare.)

Feedback nehme ich generell immer erst mal ernst – ich wünsche es mir sogar. Aber wo es nicht um konstruktive Kritik geht, sondern um pauschale Meinungen oder Verurteilungen, da setze ich für mich Grenzen. Ich stehe zu meiner Arbeit und zu jedem einzelnen meiner Videos. Und Gegenwind kann ich persönlich ganz gut aushalten – ich muss auch nicht zwingend von allen gemocht werden.

Gesamtgesellschaftlich halte ich die Entwicklung dennoch für extrem gefährlich. Denn die Kluft zwischen einzelnen Gruppen wird dadurch immer größer. Und die Basis für einen Dialog mit Andersdenkenden oder anders sozialisierten Leuten schwindet. Etliche Menschen gehen bereits in den Vermeidungsmodus über. Sie trauen sich beispielsweise nicht mehr, mit einem Schwarzen offen über Rassismus zu sprechen, weil sie die ganze Zeit überlegen, wie sie ihr Gegenüber überhaupt ansprechen sollen: »Du als … äh … Dunkelhäutiger?« Oder heißt es jetzt »Afrodeutscher«? Ich höre es förmlich in ihren Köpfen rattern.

Das gleiche gilt für Behinderungen. »Der Behinderte«, »der Blinde«, der »Taubstumme«, der »an den Rollstuhl gefesselt« ist oder »an einer Krankheit leidet«, das geht alles nicht mehr. Aber wie sagt man es denn heutzutage richtig? Und woher sollen Menschen das wissen, die sich nicht täglich mit diesen medialen Diskursen beschäftigen? Sie merken nur, dass sie ein Minenfeld betreten. Und um im Gespräch nicht aus Versehen doch einen nichtadäquaten Ausdruck zu benutzen (für den sie schlimmstenfalls in der Social-Media-Vorhölle gegrillt werden könnten), verstummen sie lieber.

Bitte, verstummt nicht!

Ich verstumme auch nicht.

Und wenn mir in einer Begegnung mal ein Fauxpas unterläuft, wenn ich vielleicht so unaufmerksam bin, Frau Müller als Herrn Meier anzusprechen oder umgekehrt (Name nicht richtig gemerkt? Geschlecht verwechselt? Interviewtermine vertauscht? Mensch, Leeroy, schalt mal dein Hirn ein!!!) – dann lösche ich auch nicht in Panik sofort das ganze Video. Ich habe eine viel bessere Strategie: Ich spreche meinen Fehler oder meine Unsicherheit offen an. Und sollte ich aus Versehen wirklich mal unpassende oder veraltete oder kränkende Begriffe oder Bezeichnungen verwendet haben, dann lasse ich mich von meinen Gästen gerne korrigieren: Erklärt mir, wie ich es besser machen kann. Ist doch gar nicht schlimm! Im Gegenteil: ein geiler Moment. Denn dann habe ich etwas Neues dazugelernt – und meine Zuschauer gleich mit.

8

Nicht weggucken, auch wenn's schmerzt

Ich habe Clarissa getroffen. Zwischen ihrem dritten und zwölften Lebensjahr wurde sie von ihrem Opa sexuell missbraucht und körperlich misshandelt. Er bedrohte sie, schüchterte sie ein. Sie solle bloß niemandem weitererzählen, was er mit ihr mache. Clarissas Opa hatte Kontakt zu anderen Pädophilen, auch von ihnen wurde sie vergewaltigt und gequält. Natürlich fürchtete der Opa, dass seine Taten auffliegen könnten. Clarissa berichtet mir in unserem Interview, wie er das zu verhindern wusste:

»Als ich älter wurde und die Sachen besser erzählen und beschreiben und verstehen konnte, hat er sich Dinge einfallen lassen, um mich gefügig zu machen.«

Ich frage nach: »Was genau heißt das, wie machte er das?«

»Er hat zum Beispiel eine Operation fingiert. Ich musste mich auf einen Tisch legen und dann hat er mich mit einem Messer am Rücken eingeschnitten. Er hat mir erzählt, er hätte mir einen Sender in den Rücken eingesetzt und mit diesem Sender könnte er mich die ganze Zeit abhören – weil er mir nicht vertraue und sichergehen wolle, dass ich niemandem davon erzähle.«

Ich kann kaum fassen, was ich da höre: »Das ist krank, das ist krank.«

Clarissa spricht unbeirrt weiter: »Er hat mir auch beispielsweise die Nase und die Finger gebrochen und gesagt, wenn du etwas erzählst, dann wird es noch viel, viel schlimmer werden.«

Ich denke – und spreche den Gedanken direkt aus: »Er hat dir auf dem Rücken mit dem Messer entlang geschnitten? Das sind doch Sachen, die fallen auf!«

»Ja«, sagt Clarissa. »Aber ich habe das ja immer gedeckt. Wenn mich jemand auf meine Verletzungen angesprochen hat, hatte mein Opa sich schon eine Geschichte zurechtgelegt, wie das passiert sei. Und die sollte ich dann erzählen.«

Was Clarissa mir in diesem Moment schildert, erinnert mich an die Begegnung mit einer anderen Frau, die ebenfalls als Kind schwere sexuelle Gewalt erlebt hatte. Heute engagiert sie sich dafür, Kinder aufzuklären und zu stärken. Davon berichte ich in Richtung Kamera, auch um Clarissa eine kleine Verschnaufpause zu geben. Was wir hier ans Licht der Öffentlichkeit tragen, ist schon für Zuhörende extrem schwer auszuhalten. Wie schwer muss es für sie sein, wieder in die damalige Zeit einzutauchen? Während ich darüber nachdenke, spreche ich darüber, warum es für Außenstehende oft nicht nachzuvollziehen ist, dass diese Kinder nicht auf sich aufmerksam machen oder sich jemandem anvertrauen. Das liege auch daran, wie perfide die Täter vorgehen:

»Sie schüchtern die Kinder so ein, dass diese überhaupt nicht die Kraft haben, sich zu wehren oder laut zu werden. Weil sie wissen: Der Opa, der ihnen gestern die Nase gebrochen hat, könnte das jederzeit wieder tun. Oder noch Schlimmeres.« Und dann ergänze ich noch: »Und ich weiß sehr gut, wie schmerzhaft Knochenbrüche sind, ich habe selbst etliche erlebt im Kindesalter.«

Clarissa nickt.

Knapp dreißig Minuten dauert unser Gespräch später in der Schnittfassung; im Original war es deutlich länger. Wir nahmen uns alle Zeit der Welt, unterbrachen den Dreh immer, wenn es für Clarissa zu belastend wurde oder sie eine Pause brauchte. Aber wir gingen über nichts hinweg. Wir ließen kein Thema, keine Frage aus. Clarissa wollte es ausdrücklich so. Weil sie über das schier Unsagbare, was ihr als Kind angetan wurde, heute keinen Mantel des Schweigens mehr legen will. Und weil das Darübersprechen zu einem Teil ihrer Überlebensstrategie geworden ist.

Millionen Menschen sahen sich das Video an.

Clarissa war unglaublich glücklich. Ich auch.

Wir fanden beide: Wenn nur ein einziger Erwachsener anschließend in seinem näheren Umfeld genauer hinguckt, oder wenn nur ein einziges Kind oder ein einziger Jugendlicher Parallelen zum eigenen Leid erkennt und sich danach traut, Hilfe zu suchen – dann hätten wir mit dem Video unser Ziel erreicht.

Das Feedback in den Kommentaren war unfassbar. Tausende anerkennender Nachrichten. Teils eigene furchtbare Missbrauchsgeschichten. Und von allen Seiten so viel Liebe für Clarissa.

Mit ihrer schonungslosen Offenheit hat Clarissa vielen Mut gemacht. Weil wir alle spüren konnten, dass diese kluge, reflektierte 35-jährige Frau sich von den Tätern von damals nicht mehr ihr Leben und ihre Selbstbestimmung nehmen lässt. Ich durfte helfen, ihre Geschichte ans Licht der Öffentlichkeit zu bringen – was eine große Ehre für mich war. Ich tat es, indem ich Clarissa nach allem gefragt habe, was mir in den Sinn kam: Wie fing das an mit ihrem Opa? Was genau hat er gemacht? Wo waren ihre Eltern? Wie hat die Oma sich verhalten?

Das mache ich aus Prinzip. Ich möchte alle Details hören. Warum? Ganz sicher nicht, weil meine eigene Sensationsgier mich antreibt. Viel eher habe ich dabei einen neunjährigen Jungen oder ein elfjähriges Mädchen im Kopf, die beide gerade an ihren Handys hängen und zufällig auf das Video stoßen. Vielleicht gibt es einen Erwachsenen in ihrem Leben, der Dinge mit ihnen tut, die ihnen überhaupt nicht gefallen. Vielleicht haben sie noch keine Worte für diese Vorgänge finden können. Vielleicht können sich diese Kinder erst durch Clarissas detaillierte Beschreibungen wiedererkennen: Okay, so was Ähnliches ist mir auch passiert. Und das war falsch. Das durfte dieser Erwachsene nicht mit mir tun.

Vereinzelt schreiben erwachsene Nutzer unter solche Videos: »Wie könnt ihr nur so offen über Missbrauch reden? Es schauen doch auch Kinder zu!«

Genau!, würde ich da immer gerne erwidern. Es schauen Kinder zu und deswegen reden wir Klartext!

Ich bleibe im Verlauf der Gespräche deshalb auch nie bei Begriffen wie »Vergewaltigung« stehen. Das klingt jetzt vielleicht komisch: Aber eigentlich ist mir das Wort »Vergewaltigung« schon zu abstrakt und zu soft – wenn man darüber nachdenkt, was da genau mit einem Kind gemacht wird. Auch »sexueller Missbrauch« klingt in meinen Ohren irgendwie schwammig. Wie genau äußert der sich denn, wann und mit welchen Berührungen oder in welchen Situationen ging der los?

Ich wollte auch das alles ganz genau von Clarissa wissen. Das sind sehr direkte Fragen, zugegeben, aber es sind keine respektlosen Fragen. Im Gegenteil, es ist – und davon bin ich überzeugt – das Respektvollste, was ich bei einer solchen Begegnung machen kann. Würde ich sie dagegen irgendwie abwürgen, ihre Schilderungen unterbrechen oder gar nicht erst zulassen, wäre das viel verletzender! Oft merke ich auch: Mein Gast hat sich vorbereitet und ist ready, sie oder er will endlich auf den Punkt kommen. Wie respektlos wäre es dann, über alles Furchtbare nur kurz und oberflächlich hinwegzuhuschen? Nach dem Motto: Schauen wir da lieber nicht so genau hin, der Abgrund ist zu tief. Lass mal besser das Thema wechseln. Das ist eine typische gesellschaftliche Reaktion. Aber Clarissa hat es verdient, dass wir beim Thema bleiben. Und durch jede einzelne meiner intimen Fragen erweise ich ihr Respekt und gebe ihr Raum, damit sie in aller Ruhe und Ausführlichkeit weitersprechen kann.

Und genau das tat sie.

Clarissa erzählte mir, dass ihr Opa sie schon als Kleinkind genötigt habe, mit ihm »Mittagschlaf« zu machen. Sie musste sich dazu komplett ausziehen und sollte dann seinen Penis berühren. Und mit »berühren« ist befriedigen gemeint. Das machen liebe Enkelinnen für ihren Opa, erklärte er ihr. Über Jahre ging das so. Einmal sprach sie mit ihrer Oma darüber, die das Ganze vom Nebenzimmer aus mitbekam. Aber die würgte das Gespräch sofort ab. Sie solle machen, was der Opa sagt. Und jetzt kein Wort mehr davon. Clarissa blieb allein – und für viele Jahre stumm.

Schwerer sexueller Missbrauch, ganz konkret: Vom saufenden Vater beim perversen Großvater abgeladen. Im Stich gelassen von der eigenen Großmutter. Über Wochen in einem dunklen Zimmer gefangengehalten. Gefesselt, geschlagen. Zum Sex gezwungen, auch oral, mit insgesamt acht Männern. Dabei oft gefilmt worden. Essensentzug. Narben am ganzen Körper, an der Seele sowieso.

Clarissas Geschichte tut richtig weh. Jedes Detail. Aber wenn ich diesen Schmerz nicht aushalte, dann nehme ich sie als Opfer, als Überlebende, nicht ernst. Und wenn sie es ertragen hat, neun lange Jahre lang, dann schaffe ich, Leeroy, es ja wohl für die Dauer eines Gesprächs. Trotzdem habe ich absolutes Verständnis dafür, wenn Zuschauer es (aus welchen Gründen auch immer) nicht aushalten, das Interview komplett anzusehen. Niemand sollte sich mit meinen Videos emotional überfordern.

Für mich persönlich ist es jedenfalls keine Option, nur ein bisschen vage von »mehrfacher Vergewaltigung« und »mehrjährigem Missbrauch« zu sprechen. Clarissa hat es verdient, dass ich ihr in aller Ausführlichkeit bei ihren Beschreibungen folge. Schon weil sie als Kind jahrelang nicht gehört wurde. Und wenn der Schmerz beim Zuhören mich zu überwältigen droht – dann versuche ich, auch das zu reflektieren. Was mache ich mit der Info, dass da draußen Kinder solches Leid erfahren?

Schaue ich weg und konzentriere ich mich auf mein eigenes Wohlbefinden?

Oder gehe ich jetzt raus und tue aktiv etwas dagegen? Etwa, indem ich aufkläre und das Thema immer wieder aufgreife? Das ist der Weg, für den ich mich entschieden habe.

Bis heute wird das Video von Clarissa geteilt, angeklickt und kommentiert. Und Anfang 2022 reagierte sie auf YouTube auf all die lieben Nachrichten. Sie schrieb: »Das Jahr 2021 hatte seine Höhen und Tiefen, das Interview mit Leeroy zählt definitiv zu den Highlights meines Jahres. Das Gespräch war nicht einfach, aber durch Leeroys sympathische, einfühlsame und starke Art konnte ich mich öffnen. Mein Ziel war es anderen Menschen denen es ähnlich in ihrem Leben ging oder geht Mut zu spenden und Wege aufzuzeigen einen Weg aus dem Grauen hinauszufinden. Ich konnte dank langer Therapie [...] wieder glücklicher werden und das wünsche ich jedem dem es gerade nicht gut geht.«

Danke, Clarissa, für deinen Mut.

9

Immer wieder aufraffen

Die Pubertät ist generell eine schwierige Zeit – und war auch bei mir nicht leicht. Man vergleicht sich in diesen Jahren ununterbrochen. Bin ich zu dünn, zu dick, zu groß, zu klein, bin ich uncool, unsportlich, unbeliebt? Wer mit sich selbst ein Problem hat, gibt nach außen oft den besonders Harten. Macht andere runter oder sucht beim Gegenüber nach Schwachstellen:

»Boah, jetzt können wir wegen dir und deinem Rollstuhl wieder kein Fußball spielen.«

»Alter, hast du überhaupt Muskeln?«

Ich habe schon erwähnt, dass solche Szenen in meiner Schulzeit zum Glück die Ausnahme waren. Aber es gab sie durchaus. Manchmal schauten die Lehrer weg, ließen es einfach laufen, dass einige aus der Klasse mich umringten und ihre Sprüche raushauten. Aggression und Ablehnung lagen in solchen Momenten kurz in der Luft. Traumatisiert haben mich diese Zwischenfälle nicht, aber durchaus belastet. Denn auch mich beschlichen ab der achten, neunten Klasse zunehmend Selbstzweifel. Was war das mit mir und meinem Körper? Wie sollte ich ihn akzeptieren lernen?

Ich fühlte mich oft allein mit mir und meiner Krankheit.

Das Internet war in den späten Nuller- und frühen 2010er Jahren für hilfesuchende Teenager noch keine große Stütze. Eine Zeitlang dockte ich bei SchülerVZ an, dann rutschten wir im Alter von 15 Jahren alle zu Facebook rüber. Das war ein ziemlich neues soziales Netzwerk damals, noch ohne Messenger-Funktion. Instagram gab es ab 2010 auch schon, aber die Plattform war klein und noch unbekannt. Snapchat entstand 2011 und spielte ebenfalls keine Rolle für uns. Ich war schon halbwegs erwachsen, als diese Netzwerke in der deutschen Öffentlichkeit relevant wurden.

Heute gibt es im Vergleich zu damals unfassbar viele Austauschmöglichkeiten. Man findet überall Gleichgesinnte. Ich kann mir vorstellen, dass mir das damals auch gutgetan hätte. Vielleicht wäre ich einer Gruppe beigetreten, in der Jugendliche mit Behinderungen sich gegenseitig Mut gemacht hätten. Vielleicht wäre ich meinen sportlichen Idolen gefolgt. Oder ich hätte Chats und Foren gefunden, in denen ich offen (oder anonym) darüber hätte sprechen können, wie ich mich fühle und welche Zweifel mich plagen. All das gab es leider noch nicht. Oder wenn, dann nur in Nischen, in denen ich nicht unterwegs war.

Zwar hatte ich viele Freunde und wir redeten auch in der Klasse über alles Mögliche, aber unsere Gespräche blieben meist oberflächlich. Schwäche wollte von den Jungs niemand zeigen. Unsere täglichen Dialoge drehten sich darum, wer wen in »FIFA« abgezockt oder wer die meisten Kills in »Call of Duty« geschafft hatte. »Du hast gestern mit deiner Aussage über meine Muskeln meine Gefühle verletzt, darüber würde ich gerne noch mal mit dir sprechen« – solche Sätze wären uns im Leben nicht über die Lippen gekommen.

Erschwerend hinzu kam das Thema Mädchen. In der Grundschule hatten die uns überhaupt nicht interessiert, jetzt guckten wir immer öfter zu ihnen rüber. Welche Wirkung wir wohl auf sie haben mochten? Hatten wir überhaupt eine Wirkung auf sie? Ich versuchte mir ihre Blicke von außen vorzustellen: Was sahen die Mädchen, wenn sie mich ansahen? Einen relativ kleinen Jungen im Rollstuhl? Die anderen Jungs waren in den letzten Jahren immer größer und stärker geworden und mir schon lange über den Kopf gewachsen. Die ersten meiner Freunde hatten mittlerweile Freundinnen, wenn auch teilweise nur für ein paar Wochen. Diese On-Off-Schulhofbeziehungen waren ein Dauerthema bei uns.

Ich geriet mehr und mehr ins Grübeln. Warum fiel es mir so schwer, mit Mädchen näher in Kontakt zu kommen? Lag es an mir? Lag es daran, dass ich »behindert« war? Niemand benutzte mir gegenüber dieses abwertende Wort. Aber ich spürte, dass es im Raum stand.

Auch meine zahlreichen Besuche in der Klinik machten es offensichtlich: Ich war ein Teenager mit einer körperlichen Behinderung. Diese Erkenntnis kratzte stark an meinem Selbstwertgefühl. Ich wusste nicht, wie ich die Behinderung mit meinem Wunsch nach Akzeptanz und Coolsein vereinen sollte. Ich wollte unbedingt ein Standing haben in der Klasse – bei den Jungs und bei den Mädchen. Doch wie sollte ich das erreichen?

Was mir erst im Nachhinein klarwurde: Alle Gleichaltrigen in meinem Umfeld machten sich diese Gedanken. Alle! Und jeder schaute neidisch auf die anderen. Ich sah vielleicht einen Jungen mit schlimmer Akne – und hätte seine Hautprobleme liebend gerne gegen meine gläsernen Knochen getauscht. Ihm ging es womöglich umgekehrt: Er schämte sich wegen seiner Haut und empfand meinen Rollstuhl als das viel kleinere Übel. Ein dritter hasste vielleicht seinen Schnurbartflaum, ein vierter fürchtete den eigenen Schweißgeruch.

Heute weiß ich, dass ausnahmslos *jeder* Mensch in der Pubertät mit dem eigenen Körper hadert. Wir hatten alle die gleichen Gedanken:

Bin das wirklich ich?

Und wer soll mich mögen, wenn ich mich selbst nicht mag?

Wandel macht Angst. Und Pubertät bedeutet permanenten Wandel. Das spürte ich auch, wenn ich wegen eines Knochenbruchs mal wieder in der Schule fehlte. Manchmal dauerte es lange, bis ich fit genug war, um wieder am Unterricht teilzunehmen. Zwei, drei Monate verpasste ich im Schnitt pro Schuljahr. Den Unterrichtsstoff konnte ich recht problemlos nachholen. Was ich nicht nachholen konnte, waren die Partys, die Ausflüge, die gemeinsamen Erlebnisse. Die neusten Liebesverwicklungen, die lustigsten Zwischenfälle. Jemand hatte sich im Sportunterricht beim Hüftumschwung am Reck voll auf die Fresse gelegt, geile Szene, alle redeten darüber. Ich hatte es verpasst.

Es gab Mädchen, die mich interessierten, aber es war schwer, mit ihnen in Verbindung zu bleiben. Immer wieder verschwand ich wegen meiner Knochen für Wochen von der Bildfläche. Und was auch im Raum stand: die Sache mit der Kraft. Jungs wollen in diesem Alter gerne körperliche Stärke ausstrahlen, es ist leider so klischeehaft. Nur war körperliche Stärke eben nicht meine Stärke. Dass es andere Eigenschaften gibt, die viel wichtiger sind, das haben die Erwachsenen mir damals bestimmt auch ständig gesagt. Es hat Zeit gebraucht, bis ich das verstanden und geglaubt habe.

Unter uns Jugendlichen war stattdessen viel von »Karma« die Rede. Wenn dir was passiert, Gutes oder Schlechtes, hat das mit deinem Karma zu tun. Du hast es mit deinem Verhalten heraufbeschworen. Du stellst jemandem ein Bein und fliegst zwei Minuten später selbst die Treppe runter – Karma! Nur: Was hatte ich denn Schlimmes getan, dass ich im Rollstuhl saß? Und selbst wenn ich mich wochenlang wie der edelste Mensch auf Erden verhielt, ging meine Krankheit davon trotzdem nicht weg. Wie passte das mit der Karmatheorie zusammen?

Worüber ich auch mit niemanden sprechen konnte (und es in diesem Buch überhaupt zum ersten Mal öffentlich tue), war das Gefühl im Moment eines Knochenbruchs. Es ist schwer zu beschreiben, aber ich empfand es immer wie eine Art knallende Zäsur. Jedes Mal schreckte ich aus meinem Leben, aus meinem Alltag, meinen Routinen hoch – und war plötzlich losgelöst von allem.

Wenn der Rollstuhl umkippte, konnte ich eigentlich sicher sein, dass wieder etwas gebrochen war. Vor allem, wenn ich auf die Arme fiel. Den Moment erlebte ich häufig wie in Zeitlupe. Schon während sich mein Körper noch in der Luft befand, spulte sich der altbekannte Film in meinem Kopf ab: Gleich kommt das Geräusch eines brechenden Knochens. Ich kannte es als Jugendlicher längst in- und auswendig.

Und ich wusste: Jetzt wird mir erst mal wieder alles genommen. Egal, wo ich gerade war, egal, mit wem, egal, was ich gerade Dringendes zu erledigen hatte oder was für morgen auf dem Plan stand.

Ich war auf einen Schlag raus.

Ich fürchtete diese Momente sehr, aber ich mochte irgendwie auch ihre Intensität. Ist das nachvollziehbar? In diesen Augenblicken fühlte ich so deutlich wie sonst selten, wie geil mein Leben eigentlich war. Und ich spürte das bloß, weil es mir gerade entglitt! Ich kriegte zum Beispiel unglaublich Bock, jetzt sofort Basketball zu spielen – und fühlte zugleich die tiefe Trauer, dass ich nun vermutlich wieder eine ganze Weile lang nicht bei meiner Mannschaft sein konnte. Weil erst der Bruch ausheilen musste.

Teilweise habe ich den Moment des Bruchs wie ein Aufwachen erlebt. Als hätte ich vorher die ganze Zeit geschlafen – und plötzlich die Augen aufgeschlagen. Bam! Ich merkte: Ich bin voll in diesem Moment, ich spüre alles. Mir haben schon oft Menschen erzählt, wie ihre Lebenszeit an ihnen vorbeirauscht. Ständig hat man irgendwas zu tun, die Monate, Jahre vergehen, huch, ist man jetzt echt schon 30? Es lässt sich ja auch gar nicht vermeiden, dass man im Alltag in seinen Abläufen und Automatismen steckt. Das ging und geht mir nicht anders.

Aber dann, plötzlich, ein Sturz, ein Knacken.

Bruch.

Wach.

Ich erinnere mich, dass ich einmal einem meiner Lehrer, der mich im Krankenhaus besuchte, versuchte zu erklären, was die Brüche – und die damit verbundenen Unterbrechungen – für mich bedeuteten. Ich sprach über das Adrenalin, das durch den Körper strömt. Es ist da, noch bevor der Schmerz einsetzt. Was dann folgt, sind Wochen, in denen dein Bewusstsein ein anderes ist:

Auf einmal gehen deine Gedanken tiefer als sonst.

Du lässt Emotionen zu, die du normalerweise wegdrückst.

Du hinterfragst alles.

Du wirfst Gewissheiten über den Haufen.

Und setzt dir neue Ziele.

Eine starke Erschütterung kann viele Auswirkungen auf das eigene Leben haben, auch positive. Trotzdem war der Preis hoch, den ich jedes Mal zahlte. Wochenlang musste nach einem Bruch wieder Aufbauarbeit geleistet werden. Körperliche und seelische. Alle Muskelpartien rund um den kaputten Knochen mussten mit Physiotherapie gezielt trainiert werden, um den Heilungsprozess zu unterstützen. Währenddessen starrte ich missmutig auf den Halbjahresspielplan meiner Basketballmannschaft. Wenn ich bei diesem wichtigen Spiel in zwei Monaten dabei sein wollte, musste ich schnellstmöglich wieder am Training teilnehmen. Am besten schon übernächste Woche. Der behandelnde Arzt war oft anderer Meinung und bremste mich: »Das braucht noch Zeit, so schnell härtet der Knochen nicht aus.« Ungeduldig lebte ich am Kalender entlang, setzte mir Ziele im Wochentakt.

Meine Mutter unterstützte mich in dieser Haltung. Nicht nach hinten schauen, nicht zu lange mit Selbstmitleid aufhalten. Blick nach vorne, auf die nächsten Projekte gerichtet. Sie schmiedete schon am Krankenhausbett Pläne mit mir: Dieses und jenes machen wir, sobald du wieder fit bist. Das half mir sehr. Aber natürlich gab es auch jedes Mal nach einem Bruch eine Trauerphase, eine Phase der Wut. Weinen, schreien, Zähneknirschen: »Verdammte Scheiße, warum ausgerechnet *jetzt*?« Auch das durfte ich zulassen – und es war wichtig für die psychische Verarbeitung.

Ich kenne es also, tief in ein Loch zu fallen. Ich bin Dutzende Male wieder rausgekrochen. Ich weiß, wie viel Kraft das kostet. Aber ich weiß auch, dass es dazu keine Alternative gibt.

Heute versuche ich das in allen meinen Gesprächen mit Menschen weiterzutragen: Du darfst down sein, traurig, niedergeschlagen. Aber bitte bleib es nicht auf Dauer. Verpass nicht den Moment, in dem du langsam wieder nach oben findest.

Die Hoffnung, das Nach-vorne-schauen, das meine Familie mir vermittelt hat, hilft mir bis heute bei jeder Art von Krisenbewältigung. Es gibt immer wieder Herausforderungen, mal sind sie kleiner, mal sind sie größer. Der eine wird vom Leben häufiger auf die Probe gestellt, die andere nur einmal, aber dafür richtig krass. Menschen machen schlimme Dinge durch, Menschen gehen durch die Hölle, aber daraus können sich auch neue Chancen ergeben.

Das Entscheidende ist, wie du mit dem Weckruf umgehst. Wo führen dich deine Schicksalsschläge hin? Was machst du aus ihnen? Ich habe als Jugendlicher schon begriffen, dass ich den Abgrund, in den ich regelmäßig gestoßen wurde, so schnell wie möglich wieder verlassen wollte – um aus meinem Leben anschließend das Beste und Schönste rauszuholen.

Gib dich nicht auf

Rayk ist 22 Jahre alt und an Muskeldystrophie erkrankt. Seine Muskeln werden stetig schwächer, auch der Herzmuskel, und das führt aller Voraussicht nach zu einem frühen Tod. Zum Interview brachte ihn seine Familie mit einem speziellen Transporter aus Bad Salzuflen, denn er sitzt in einem großen elektrischen Rollstuhl und muss immer ein Beatmungsgerät in seiner Nähe haben. Dass er sich trotzdem mit mir in Paderborn treffen wollte, imponierte mir sehr. Was dann im Gespräch zutage kam, haute mich richtig um. Rayk erzählte mir: »Klar, es gab Momente, da dachte ich: Warum habe ich das? Und dann war ich auch verzweifelt und sehr traurig. Aber irgendwann habe ich gedacht: Du hast jetzt dieses Schicksal und musst damit zurechtkommen. Und dann habe ich beschlossen, ich mach das Beste aus meinem Leben.« Und das meint Rayk wörtlich. Er plant mit ein paar Freunden, alle ebenfalls im Rollstuhl, eine New-York-Reise. Und ich habe keine Zweifel daran, dass er seine Träume weiterverfolgt.

10

Smalltalk ist Zeit- ver- schwendung

Meistens sind die Menschen, mit denen ich spreche, keine Prominenten. Ihre Gesichter sind auf Social Media nicht bekannt, sie haben keine eigenen Kanäle. Manchmal hole ich aber auch Menschen vor mein Mikrophon, die selbst eine große Community haben. Mit Piedro Lombardi bin ich zusammen auf der Straße in Köln Rollstuhl gefahren; auch mit den Zwillingen Lisa und Lena, bekannt von TikTok und Instagram, hatte ich einen sehr lustigen Nachmittag auf Rädern. Nadine Breaty hat sich ebenfalls Zeit für meine Rollstuhl-Challenge genommen. Rapperin Katja Krasavice hat mir schon mehrmals meine Fragen beantwortet. Ich hatte auch schon den Fußballer Serge Gnabry neben mir sitzen, die Umweltaktivistin Jennifer Morgan, den Moderator JP Performance, den Grünen-

Politiker Cem Özdemir … Sogar Trainer Jürgen Klopp war mein Gast.

Ich werde oft gefragt, ob ich bei diesen Begegnungen aufgeregter bin als bei meinen anderen Interviews. Gar nicht. Ich habe generell wenig Angst und bin ein ziemlich gechillter Typ – und ich leide auch nicht sonderlich unter Lampenfieber. Für mich sind prominente Menschen wie alle anderen Menschen auch. Viele von ihnen genießen es übrigens, wenn man ihnen ganz normal gegenübertritt und nicht nur bei überfreundlichem, oberflächlichem Geplänkel stehen bleibt.

Das kommt mir sehr entgegen, denn ich will sowieso lieber Gespräche führen, über die ich im Nachhinein noch nachdenken kann. Sonst ist es für mich verlorene Zeit, die man sich hätte sparen können. Höflich Floskeln austauschen – und dann wieder auseinandergehen? Wozu? Ich bin auch jedes Jahr Ende Januar froh, wenn wir die obligatorische »Biste gut reingeruscht?«-Frage wieder hinter uns lassen können. Ich verstehe, dass Floskeln dazu dienen, den sozialen Umgang zu erleichtern. Aber das führt teilweise dazu, dass wir im Alltag immer wieder die gleichen Standardunterhaltungen abspulen. Hinterher wissen wir genauso wenig voneinander wie vorher.

Ein richtiger Dialog ist dagegen doch viel geiler. Deshalb habe ich auch überhaupt kein Problem damit, wenn auf die banale Frage: »Hey, geht's dir gut?« nicht das erwartete »Ja« kommt – sondern eine ehrliche, gerne auch längere Antwort folgt. Wie soll sich denn dieses verallgemeinernde »Gutgehen« anfühlen? Existiert dieser Zustand überhaupt? Vielleicht hat jemand beruflich gerade einen super Lauf, aber es plagen ihn seit Wochen mörderische

Rückenschmerzen. Lass uns darüber reden! Ich habe kein Problem damit, dass wir erst deine Erfolge abfeiern, anschließend zusammen über körperliche Beschwerden klagen und dann sehen, wohin uns das Gespräch von dort aus führt.

Wenn wir mit unserem Gegenüber erst einmal die Floskelwand durchbrochen haben, verändert das unsere Beziehung für immer. Ich habe das auch in beruflichen Zusammenhängen schon erlebt. Bei einer längeren Autofahrt zu einem Dreh fragte ich eine Produzentin, die ich bislang kaum kannte, zunächst lange über ihren Job aus. Einfach, weil ich es superspannend fand, mehr darüber zu erfahren. Was genau sind die Aufgabenbereiche einer Produzentin? Welche Aufstiegsmöglichkeiten gibt es? Von dem Thema kamen wir weiter auf Geld zu sprechen. Für viele Deutsche ein totales Tabu. Für mich nicht. »Was verdienst du aktuell damit?«, wollte ich wissen. Es hat mich ehrlich interessiert und ich hatte auch überhaupt keine Ahnung. Mittlerweile war unser Gespräch in einem so tollen Flow, dass ich gar nicht daran dachte, dass die Frage unpassend sein könnte. Zu guter Letzt schloss ich noch eine persönliche Frage an, die mir völlig spontan in den Kopf schoss: »Bist du eigentlich mit deiner jetzigen Position und deinem Einkommen happy? Oder würdest du dich gerne noch mal karrieremäßig verändern?«

Nach dem Dreh kam sie noch mal zu mir; sie schien immer noch baff zu sein. Ich hatte im Auto einfach aus dem Bauch heraus gefragt, getrieben von echtem Interesse, sie hatte einfach aus dem Bauch heraus geantwortet, ohne sich hinter Phrasen zu verstecken. Eigentlich voll »unprofessionell« von uns beiden. Aber gerade dadurch war etwas entstanden – und entsprechend gut verlief unsere weitere Zusammenarbeit. Wir hatten mit unserem ersten Gespräch sozusagen den Ton für alles Weitere gesetzt. Ab jetzt konnten wir am Set immer direkt auf den Punkt kommen. Weil bereits eine Vertrauens- und Verständnisebene zwischen uns entstanden war.

Doch zurück zu den sogenannten Promis – die ja zusätzlich zu den Alltagsfloskeln auch noch permanent mit floskelhaften Schmeicheleien konfrontiert sind:

Ich möchte, dass meine Gespräche mit Menschen, die in der Öffentlichkeit stehen, genauso echt sind und in die Tiefe gehen wie die mit meinen anderen Gästen auch. Dazu müssen teilweise höhere Hürden überwunden werden. Zwar sind die Prominenten in der Regel medien- und kameraerfahren, aber das ist nicht immer hilfreich. Denn dann sitzt meist noch das Management mit im Raum und kontrolliert, ob alles läuft wie verabredet. Oder es soll nebenbei eine neue CD beworben werden. Oder der- oder diejenige zeigt nur ein bestimmtes Bild von sich in der Öffentlichkeit und erzählt daher gerne die gleichen drei Anekdoten. Oder wir stehen wahnsinnig unter Zeitdruck, wegen des vollen Terminkalenders der prominenten Person …

Jedenfalls gibt es vieles, was uns theoretisch ablenken könnte. Ich muss es hinkriegen, dass wir das alles ausblenden und zum Wesentlichen vordringen.

Das gelingt nicht immer, aber oft. Ein Beispiel aus den vergangenen Monaten: Meine Begegnung mit der Tänzerin und Influencerin Ivana Santacruz, der auf Instagram zwei Millionen Menschen folgen. Wir trafen uns nicht, um über ihren Erfolg oder ihre kometenhafte Social-Media-

Karriere zu sprechen. Das Thema waren ihre mehrfachen Fehlgeburten. Nichts, womit man leichten Herzens an die Öffentlichkeit geht. Aber Ivana hat sich bewusst entschieden, ihre Geschichte zu teilen, um damit anderen Betroffenen zu helfen. Und es war ein großes Kompliment für mich und ein immenser Vertrauensbeweis, dass sie nicht in irgendeine TV-Talkshow ging – sondern meinen Kanal dafür auswählte.

Zunächst erzählte sie mir den schönen Teil der Geschichte: Wie sie während eines Besuchs in Los Angeles bemerkte, dass sie schwanger war. Sie und ihr Freund Abbas freuten sich beide wahnsinnig auf das Kind. Ivana hatte die üblichen Symptome: Müdigkeit, angeschwollene Brüste, morgendliche Übelkeit. Mich interessierte, ob sich ihre Beziehung schon in diesen ersten Wochen der Schwangerschaft veränderte.

»Wie ist es mit Sex, wenn man schwanger ist?«, fragte ich.

»Sex geht klar«, erklärte sie. »Aber ich hatte leider nicht so viel Lust zu der Zeit.« Das lag wohl an der hormonellen Umstellung, vermutete sie. »Auch wenn er wollte, war ich eher so: Ach nee, jetzt nicht.« Ich fand es cool, dass sie ebenso offen über Sex sprach wie über die körperlichen Veränderungen während einer Schwangerschaft. Wir leben im 21. Jahrhundert, wir sind offen und aufgeklärt – und wir wissen alle, dass die 82 Millionen Menschen in diesem Land nicht vom Storch gebracht wurden.

Doch obwohl sich Ivanas Schwangerschaft zunächst völlig unauffällig entwickelte, verlor sie ihr Kind. Insgesamt musste sie das viermal erleben. Dreimal stieß ihr Körper die Embryos schon nach kurzer Zeit wieder ab.

Einmal kam sie mit ihrer Schwangerschaft bis zur dreizehnten Woche. Dann hörte das Herz des Fötus auf zu schlagen. Zur gleichen Zeit starb auch ihr Vater. Ivana, deren Karriere damals gerade richtig Fahrt aufnahm, erlaubte sich trotzdem keine Pause und keinen privaten Rückzug. Sie machte weiter, lächelte, tanzte, verdrängte – bis ein Burnout sie schließlich ausbremste. Erst danach habe sie die Trauer zugelassen, erzählte sie mir. Und sie zeigte mir das Foto ihres ungeborenen Babys, das seitdem gut sichtbar im Regal steht. Neben dem Bild ihres Vaters. »Weil sie fast zeitgleich gegangen sind.«

Ich fragte sie: »Was ist dir durch den Kopf gegangen, als du mit deinem Freund beim Arzt saßt und der euch gesagt hat, dass das Kind wahrscheinlich nicht mehr lebt?«

»Eine Welt bricht zusammen«, antwortete sie. »Ich hätte nie gedacht, dass mir so etwas passiert. Man rechnet einfach nicht damit – weil eben niemand über Fehlgeburten redet.« Sie habe gedacht, eine Schwangerschaft sei etwas »leichtes«, etwas, das alle Frauen problemlos hinkriegen. Erst nach ihrer Fehlgeburt zu Beginn des vierten Schwangerschaftsmonats und der anschließenden operativen Ausschabung habe sie erfahren, dass viele Frauen solche Aborte erleben und dass Fehlgeburten sogar bis zu einem gewissen Grad »normal« seien. Das hatte ihr vorher niemand gesagt.

»Natürlich denkst du dir: Hä, das soll was Normales sein? In dem Moment willst du das auch nicht hören. Du willst einfach dein Kind behalten.«

Schwangerschaften

Dass Frauen sich so früh Nachwuchs wünschen wie Ivana, die sich schon mit Anfang 20 vorstellen konnte, Mutter zu werden, ist in Deutschland eher die Ausnahme. Im Schnitt sind Erst-Eltern hierzulande 30 Jahre (die Mütter) beziehungsweise 33 Jahre alt (die Väter). Großfamilien werden kaum noch gegründet: 2020 lag die Geburtenrate in Deutschland bei gerade mal 1,53 Kindern pro Frau. Damit sind wir übrigens genau im EU-Durchschnitt. Nicht immer aber endet eine Schwangerschaft auch mit einer Geburt: Wenn bei der Verschmelzung einer Ei- mit einer Samenzelle oder bei der Einnistung in die Gebärmutter etwas schiefgeht – und der Embryo somit nicht lebensfähig ist –, bricht der Körper die Schwangerschaft vorzeitig ab. Es gibt Schätzungen, dass rund die Hälfte aller Frühschwangerschaften so endet, oft sogar unbemerkt. Manchmal kommt es dann, wie bei Ivana, zu verspäteten, heftigen Monatsblutungen. Aber auch von den etwas weiter fortgeschrittenen Schwangerschaften enden mehr als zehn Prozent mit einer Fehlgeburt im ersten Schwangerschaftsdrittel. Gründe können unter anderem Chromosomenstörungen sein, eine Muttermundschwäche, Infektionen, Stoffwechselerkrankungen oder Hormonschwankungen. Zu verstehen, dass man als Frau in solchen Fällen nicht »schuld« ist und auch nichts falsch gemacht hat, helfe ein wenig bei der seelischen Verarbeitung, sagte Ivana mir.

Während Ivana über ihren Leidensweg der letzten Jahre sprach, saßen wir in ihrem Wohnzimmer, sie auf einem schwarzen Stuhl, ich in meinem Rollstuhl. Es war ein großer, stilvoll eingerichteter Raum, ganz in schwarz-weiß gehalten, die Familienfotos in Reichweite hinter uns, im Hintergrund eine nagelneue Einbauküche. Sie und ihr Freund waren gerade erst frisch eingezogen.

Obwohl ich einige Stunden lang dort war, habe ich ehrlich gesagt an die Wohnung trotzdem kaum konkrete Erinnerungen. (Ich habe mir unser gemeinsames Video gerade noch mal kurz ansehen müssen, um mich an die oben beschriebenen Details zu erinnern.) Denn egal, wie intim die Unterhaltungen sind, die ich mit meinen Gästen führe – die Umgebung spielt dabei keine Rolle für mich. Es war schön, privat bei Ivana und Abbas zu Besuch sein zu dürfen, und ich glaube, für sie war es wichtig, in ihren eigenen vier Wänden zu sein. Dort fühlte sie sich während dieses persönlichen Gesprächs am wohlsten und sichersten.

Mir persönlich sind die äußeren Umstände grundsätzlich egal. Ich habe schon die aufwühlendsten Gespräche in komplett leeren Räumen geführt, unter Neonlicht oder auf unbequemen Klappstühlen. Ein sehr emotionales Video, in dem eine junge Frau über den Tod ihres Vaters spricht, entstand in unserem alten Agenturbüro: in einem kleinen, mit mehreren Schreibtischen vollgestopften und nicht sehr gemütlichen Raum. Mein Kameramann hat schon oft geflucht, weil eine »behagliche Atmosphäre« und ein »geschmackvolles Ambiente« für mich so nebensächlich sind – er muss hinterher zusehen, wie er aus dem optisch kargen Bildmaterial trotzdem ein gutes Video geschnitten kriegt.

Für mich ist das fehlende »Bühnenbild« in fast allen meinen Videos allerdings auch ein Statement: Man braucht keine Kerzen und kein schmeichelhaftes Licht, keine üppige Blumendeko, keine Designer-Beistelltischchen, teure Lounge-Sessel oder edlen Wassergläser.

Man braucht nichts davon für ein gutes Gespräch.

Nur zwei Menschen, die bereit sind, den Smalltalk beiseite zu schieben und offen zu sprechen.

11

Ball is Life

Im Kindergarten lautete mein Berufswunsch: Bundeskanzler.

Davon kam ich später in der Grundschule wieder ab. Nun war ich mir viele Jahre lang sicher: Ich werde mal Sportreporter. Am besten Fußballkommentator. (Bis mir irgendwann auffiel: Den Wunsch haben vermutlich Tausende kleiner Jungs, aber so viele Kommentatoren werden ja gar nicht gebraucht.)

Meine Sportbegeisterung ist jedenfalls angeboren und steigerte sich mit den Jahren immer weiter. Von der wichtigen Begegnung mit meiner ersten Trainerin habe ich schon erzählt. Eine Weile spielte ich nun schon in der gemischten Kindergruppe mit dem weichen Ball. Aber immer öfter schielte ich zu meinen Vorbildern, der Rollstuhlbasketballmannschaft der Erwachsenen rüber. Ich wollte so gerne später auch bei den »Großen« mitspielen. Dort ging es hart zur Sache, da wurde auf dem Feld Vollgas gegeben. Noch war ich dafür zu jung. Aber selbst in einigen Jahren sahen die Chancen schlecht aus.

Wie sollte das gehen, mit meinen »verrückten« Knochen?

Mir blieb erst mal nur die Rolle des Fans. Von der Seitenlinie aus himmelte ich die Mannschaft an, bekam Gänsehaut, wenn ich ihre tollen Spielzüge und spektakulären Körbe sah. Die Männermannschaft unseres Vereins war richtig gut, sie spielte in der zweiten Bundesliga und war dort unter den Besten. Jeden zweiten Samstag feuerte ich sie bei ihren Punktspielen in unserer Halle an. Ihre Fertigkeiten schienen für mich unerreichbar. Es ging super heftig zur Sache, teilweise flogen die Spieler samt ihrer Rollstühle über den Hallenboden. Zusammenstöße und Stürze waren an der Tagesordnung. Gebremst wurde nicht.

Was hätte ich dafür gegeben, einer von ihnen zu sein.

Doch auch als ich älter wurde und in meiner Gruppe längst der Schnellste war, sahen die meisten Trainer keine Chance, mich in ihre Mannschaften aufzunehmen. Das passt nicht, das haut nicht hin, war der Tenor. »Mit deiner Krankheit geht das einfach nicht.« Ich würde vermutlich ständig umgefahren werden, mich schwer verletzen. Der Ball war zu hart, der Umgang zu rau – und die Gefahr einfach zu groß.

Aber ich wollte doch unbedingt!

Und ich ließ nicht locker.

Als ich 15 Jahre alt war, fand sich schließlich ein Trainer, der meinen Willen und mein Potenzial sah und der bereit war, es mit mir und einem anderen Jungen aus der Nachwuchsgruppe zu versuchen. Er traute es sich zu, uns für die Erwachsenenmannschaft fit zu machen, auch wenn der Weg bis dahin weit sein würde. Für mich war das wieder eine wichtige Lektion im Leben: Manchmal schüttelt die Mehrheit den Kopf, nein, das geht nicht, das wird nie funktionieren. Aber wenn *du* daran glaubst und vielleicht noch ein, zwei weitere Personen, die dich unterstützen, dann hast du eine Chance.

Ich bin oft durch die Hintertür eingetreten – weil mir vorne erst mal niemand aufmachen wollte.

Der Trainer machte es uns allerdings auch nicht leicht. Ein Jahr lang bekamen wir keinen Ball in die Hand. Ein Jahr lang ließ er mich nur am Spielfeldrand meine Runden drehen. Das war ziemlich frustrierend. Denn der Ball ist ja das Entscheidende. Als Basketballspieler hast du ständig Bock auf den Ball, du willst mit dem Ball unterwegs sein! *Ball is Life*, der Ball ist das Leben, so lautet der Leitspruch unter Basketballern; viele lassen sich den Satz sogar tätowieren.

Für uns zwei Newcomer hieß es trotzdem: *no balls.* Wir sollten stattdessen Fahren lernen. Schneller, noch schneller. Und bessere Technik: den Antritt üben, die Endgeschwindigkeit erreichen, dazwischen noch Verteidigung. Alles Sachen, für die es keinen Ball braucht. Monat um Monat scheuchte der Trainer uns. Ich war maximal entnervt, denn ich wollte ja endlich mitspielen. Und ich sah mein Wunschziel direkt vor meinen Augen, nur ein paar Meter entfernt. Dort trainierten meine Vorbilder, die Männer. Sie hatten sichtlich Spaß. Während ich zum hundertsten Mal um blöde Hütchen herumfahren musste.

Vielleicht wäre das noch lange so weitergegangen, aber dann spielte mir der Zufall in die Hände. Mittlerweile waren innerhalb des Vereins immer mehr Jugendliche und junge Erwachsene nachgerückt, die zwar alle noch zu schlecht für die Zweitliga-Erwachsenenmannschaft waren, die aber ebenfalls Potenzial hatten. Und so wurde für uns eine neue Mannschaft gegründet. Erst mal spielten wir in der untersten Liga. Der Altersdurchschnitt lag bei 20 Jahren, wir waren eine superjunge, unerfahrene Gruppe. Aber: Wir waren im Ligabetrieb angekommen und traten gegen andere Vereine an. Ich konnte mein Glück kaum fassen.

Meine Knochen waren mittlerweile stabil genug, dass ich es riskieren konnte. Es gibt medizinische Vermutungen, dass die juvenile Osteoporose sich mit der Pubertät abschwächt. Wenn der Körper zur Ruhe kommt, der Stoffwechsel sich normalisiert, die Wachstums- und Hormonschübe weniger werden, hilft das womöglich auch den Knochen. Bei mir zeigte außerdem das jahrelange Training sehr gute Effekte: Mein Oberkörper war kräftiger geworden, ich hatte ein recht breites Kreuz und muskulöse Arme bekommen. Das alles half.

Und natürlich half auch der spezielle Sportrollstuhl, den ich beim Basketball fuhr. Seine Räder standen absichtlich schräg und er hatte einen eingebauten Rammschutz. Solche Rollstühle sind auf Wendigkeit und Schnelligkeit gepolt. Meiner hatte außerdem eine Art Panzerung über den Beinen. Denn meine Beinknochen waren weiterhin sehr empfindlich. Durch den speziell angefertigten Beinschutz wog der Rollstuhl ziemlich viel und sah optisch gewöhnungsbedürftig aus. Aber die Konstruktion schützte mich bei Zusammenstößen oder heftigen Ballwechseln.

Natürlich brach ich mir immer mal wieder die Finger, beispielsweise beim Werfen oder Fangen. Aber das war für mich nebensächlich. Das großartige Gefühl, endlich Teil einer Mannschaft zu sein, überwog alles. Ich hatte jetzt ein Team! Einen Ort, wo ich hingehörte, wo ich gebraucht und geschätzt wurde. Ich war innerhalb der Mannschaft keiner der »Stars«, also keiner, der mit extravaganten Würfen auffiel. Aber ich ordnete und sortierte die Mannschaft im Hintergrund und konnte dann oft den entscheidenden Pass liefern, der zum Einwurf führte. Schnell stieg ich zum Kapitän auf.

Behindertensport in Deutschland

Es gibt unfassbar viele Sportarten, die man als Mensch mit Behinderung ausüben kann. Hier nur mal eine kleine Auswahl: Blindenfußball, Para Badminton, Dressurreiten, Eishockey, Judo, Kanu, Kegeln, Radsport, Rudern, Skifahren, Taekwondo, Rollstuhltanzen, Rollstuhlbasketball, Rollstuhlfechten, Sitzvolleyball usw. Auf der Website des Deutschen Behindertensportverbands kann man sehr gut nach Angeboten in der eigenen Stadt suchen. Es hat lange gedauert, bis der Behindertensport gesellschaftliche Akzeptanz erfahren hat. Aber heute ist er (nicht nur während der Paralympics) allgegenwärtig: Insgesamt treiben in Deutschland nach Angaben des Deutschen Behindertensportverbands rund 600 0000 Menschen mit Behinderung in rund 6300 Vereinen aktiv Sport.

Es braucht immer Leute auf dem Spielfeld, die richtig rangehen – und es braucht die, die den Überblick behalten. Ich gehörte definitiv zur zweiten Gruppe. Das energische Reinbrettern überließ ich anderen. Sicher auch, weil in meinem Hinterkopf weiterhin die Angst vor einer Verletzung präsent war. Ich wusste: Wenn sich mein Rollstuhl überschlägt, bin ich raus. Und zwar für lange Zeit. Ich schaffte es tatsächlich, jahrelang nicht ein einziges Mal zu Boden zu gehen – während das anderen Spielern aus meiner Mannschaft ständig passierte. Aber bei denen waren die Stürze auch nicht so folgenreich wie bei mir. Sie rappelten sich einfach auf und fuhren weiter. Manche agierten komplett schmerzfrei, nach dem Motto: Gelähmt bin ich schon, doppelt gelähmt geht ja wohl nicht. Warum also zurückhalten?

Obwohl ich einer der jüngsten in unserer Mannschaft war, fiel ich durch meine guten Leistungen auf. Nach einer Weile durfte ich deshalb auch regelmäßig bei den Zweitligisten mitspielen. Was für eine Ehre!

Ab jetzt ging alles rasend schnell:

Weil ich immer besser wurde, wechselte ich in der Oberstufe den Verein, zu einem Zweitligisten nach Wiesbaden. Ich trainierte nun drei- bis viermal pro Woche nach der Schule, nahm dafür mehrstündige Fahrtzeiten auf mich. Jedes Wochenende standen Ligaspiele auf dem Plan. Ich hatte nun schon einen richtigen Vertrag, bezog auch ein Gehalt und war auf dem besten Weg zum Profisportler. Basketball bestimmte komplett meinen Alltag; selbst in der Schule nutzte ich jede Freistunde, um auf dem Sportplatz Körbe zu werfen. 500 Würfe am Tag? Das war ein ganz normaler Schnitt für mich.

Mit 17 Jahren bekam ich das erste Mal eine Einladung zur U19-Nationalmannschaft, zu einem mehrtägigen Lehrgang. Wahnsinn! Der Nationaltrainer guckt sich bei dieser Gelegenheit alle Spieler unter 19 Jahren genauer an, dann wählt er unter den Eingeladenen seinen Kader aus.

Eine Woche vor dem Auswahltraining für die U19 verletzte ich mich – und musste absagen.

Eine Welt brach für mich zusammen. Das war wieder so ein Moment, wo ich aus allem herausgerissen wurde. Monatelang hatte ich auf diese Chance hingearbeitet, hatte so hart trainiert. Und dann setzte mein Körper meinem Ehrgeiz einfach eine Grenze. Aus dem Nichts. Es war verdammt bitter.

Zum Glück kam die Einladung im nächsten Jahr noch einmal. Mit 18 wurde ich schließlich für die U19-Nationalmannschaft ausgewählt. Wenig später rückte ich in die U23-Nationalmannschaft auf.

Warum erzähle ich das alles? Weil ich ohne den Sport und die Menschen, die mir dort begegnet sind, nicht da wäre in meinem Leben, wo ich heute bin. Egal ob Fußball, Basketball, Volleyball, Handball … Es geht darum, gemeinsam als Team zu funktionieren. Du musst dich auf andere Menschen einstellen. Du musst kommunizieren, damit die Pässe richtig kommen. Du musst dich als Einzelner in eine Gruppe einfügen. Umgekehrt muss die Gruppe lernen, immer wieder neue Mitglieder aufzunehmen. Und das alles kann man im Sport üben.

Könnten wir diese Haltung nicht auch in andere Lebensbereiche übertragen? Könnte Mannschaftsport nicht ein hervorragendes Vorbild sein für Schule und Arbeitswelt?

Vor einiger Zeit wurde ich zu »Stern-TV« eingeladen, der RTL-Moderator Steffen Hallaschka interviewte mich. Ich war auch hier kaum aufgeregt, obwohl die Sendung von Millionen Menschen geguckt wird. Steffen Hallaschka fragte unter anderem nach meiner Krankheit, meinen Reichweiten und meinen Klickzahlen – und ob mein Selbstbewusstsein daher käme, dass ich so viele Abonnenten habe.

Das kann ich definitiv verneinen.

Mein Selbstbewusstsein, meine Zuversicht, meine Gelassenheit und mein Durchhaltevermögen kommen allein aus dem Sport. Das habe ich alles auf dem Spielfeld gelernt.

Als Sportler erlebst du Höhen und Tiefen, grandiose Siege und bittere Niederlagen. Auch aus den Niederlagen kann etwas Gutes, kann Fortschritt entstehen: Ihr habt ein wichtiges Spiel gegen euren absoluten Hassgegner verloren und seid am Boden zerstört? Aber ihr schafft es als Mannschaft trotzdem, euch nicht gegenseitig fertigzumachen? Dann habt ihr in Wahrheit gewonnen – als Menschen und als Team.

Und dann rafft ihr euch auf und kehrt zusammen auf den Platz zurück.

Was denn sonst.

12

Niemand sucht sich seine (Sucht-)Erkrankung aus

In der Nationalmannschaft stand Drogenaufklärung ganz oben auf der Agenda. Dauernd bekamen wir Spieler dazu detaillierte Informationen. Wegen dieser ständigen Warnungen war ich irgendwann fast paranoid. Um nichts in der Welt wollte ich unbeabsichtigt einen Fehler machen – manchmal reicht ja schon ein falsches Nahrungsmittel, um bei einer unangekündigten Drogenkontrolle von Turnieren ausgeschlossen werden. Bei den Spielern einer Nationalmannschaft kann die NADA, die Nationale Anti-Doping-Agentur, jederzeit auf der Matte stehen. Zu Hause, unterwegs, überall. Der Zeitpunkt ist überhaupt nicht vorhersehbar. Und weil der Sport mir damals alles bedeutete, wirklich *alles*, achtete ich nicht nur akribisch auf meine Ernährung, sondern lehnte auch dankend ab, wenn meine Freunde ein bisschen kiffen oder Alkohol trinken wollten.

Viele Gelegenheiten gab es für mich ohnehin nicht – durch den Leistungssport verpasste ich ständig Partys oder Geburtstagsfeiern. Und wenn sich mein Leben am Wochenende mal nicht um Rollstuhlbasketball drehte, dann ging es um Fußball, denn mein Bruder war mittlerweile auch sehr aktiv und erfolgreich als Sportler. Wenn er nicht schreiend und jubelnd an meinem Spielfeldrand stand, stand ich schreiend und jubelnd an seinem.

Letztlich können David und ich beide froh sein, dass der Sport in unserer Jugend einen so großen Stellenwert hatte. Das hat uns vor vielen Gefahren beschützt. Denn zur gleichen Zeit hatte ich Freunde, die immer mehr Richtung Drogen abrutschten. Manche von ihnen nahmen schon als Jugendliche Kokain und Speed. Bei einem meiner guten Freunde war der Absturz besonders tragisch. Er war ein unglaublich toller Junge, vorwitzig, beliebt und total frech. Was ich erst später richtig realisierte: Seine familiären Lebensumstände waren sehr schwierig. Er lebte deshalb mittlerweile bei Verwandten.

Bei diesem Freund, den ich wirklich sehr mochte, verstand ich zum ersten Mal, dass wir nicht alle mit den gleichen Chancen geboren werden. Meine Mutter kümmerte sich um alles. Er hatte nicht dieses Glück.

Auch wenn mein Freund nach außen immer laut und lustig war, muss es in seinem Inneren oft sehr einsam gewesen sein. Früh fing er an Joints zu rauchen, bald waren es mehrere am Tag. Sicher war das für ihn eine Flucht aus der Realität. Wenn man bekifft ist, stellen sich vermutlich keine Fragen mehr: Schaffe ich meinen Schulabschluss, was soll aus mir werden? Auch durch Alkohol lassen sich viele Gefühle für einige Stunden wegspülen. Ich erlebte jedenfalls mit, wie ihn die Drogen nach und nach veränderten und wie falsche Freunde ihn negativ beeinflussten. Später kamen noch Kriminalität und Haftstrafen hinzu. Das alles tat mir weh, aber ich konnte nichts dagegen tun.

Vielleicht hat dieses frühe Erlebnis dazu geführt, dass ich mich nie einem suchtkranken Menschen gegenübersetzen und gleich die Vorwurfskeule rausholen würde:

Warum hast du mit dem Scheiß überhaupt angefangen?

Wieso hörst du nicht einfach wieder auf?

Fehlt dir etwa die Willensstärke?

Ich weiß, dass es nicht so einfach ist. Manchmal sind da widrige äußere Umstände, manchmal erliegt man schlechten Einflüssen und manchmal ist es auch nur naive Neugier. Man probiert etwas aus und kommt nicht mehr davon los. Ich würde mir nie anmaßen, darüber zu urteilen. Oder mit dem Finger in der Wunde zu bohren. Der oder die Kranke spürt doch jeden Tag die Konsequenzen des eigenen Handelns.

Suchterkrankte Menschen sehen ihren körperlichen Verfall oft glasklar – und können trotzdem oft nicht mit den Drogen aufhören.

Wer einem Suchterkrankten dennoch besserwisserisch entgegentritt, zerstört jegliche Basis für ein mögliches Gespräch. Denn dann sind die Rollen ja von Anfang an klar verteilt: hier der Schlaue, dem das nie passieren könnte, da der Dumme, der die Finger nicht von dem Zeug gelassen hat – obwohl man ihn so oft gewarnt hatte. Auf diese Weise wird aber nie ein tieferes Verständnis der Ursachen einer Sucht möglich sein.

Kürzlich habe ich ein Video mit der 36-jährigen Frankfurterin Alina aufgenommen, die zwar mittlerweile nur noch auf Ersatzstoffen ist, die aber vollkommen ehrlich zu mir gesagt hat: »Ich werde mein Leben lang abhängig sein.« So wie Alkoholkranke immer Alkoholkranke bleiben, selbst wenn sie es schaffen, trocken zu leben. Sie erzählte mir von ihrem Weg: Kindheit bei einer alleinerziehenden Mutter, die viel arbeiten musste. Die Familie konnte sich trotzdem nur wenig leisten. Irgendwann hat Alina anfangen Klamotten zu klauen, weil sie als Jugendliche modisch mithalten wollte mit ihrer Mädchenclique. Sie spürte den Konsumdruck, wollte auch coole Sachen besitzen.

»Ich bin früh auf die schiefe Bahn geraten«, sagte sie ganz offen zu mir.

Schon mit 16 Jahren hatte sie erste Kontakte zu Freunden, die dealten. Drogen, so beschrieb sie es, seien immer und überall verfügbar gewesen. Sie ging viel feiern, nahm in den Clubs Kokain und Speed. »Es war für mich nichts Ungewöhnliches, dass man am Wochenende irgendwo hingegangen ist und die Drogen dort schon auf dem Tisch lagen.«

In ihrem Umfeld war der Drogenkonsum völlig normal, niemand drängte sie dazu, aber es gab dennoch einen unbewussten Gruppenzwang. Sie machte mit, weil sie dazugehören, nicht die Spielverderberin sein wollte. Ihren ersten Schuss – Kokain intravenös – setzte ihr ein Freund, dem sie blind vertraute. Danach hing sie an der Nadel, spritzte Heroin und Kokain.

Alinas Schilderungen wunderten mich nicht, Ähnliches hatte ich in vielen anderen Gesprächen mit Drogenabhängigen gehört. Bei Alina kam parallel noch die Prostitution dazu, schon als Minderjährige schlief sie regelmäßig mit fremden Männern, die dafür bezahlten. Es sei ihr um das schnell verdiente Geld gegangen, das sie dann wieder zum Feiern brauchte, sagte sie.

Alina sprach aber auch über das Gefühl von Einsamkeit, das trotz der vielen Partys und Bekanntschaften nie verschwunden sei. Sie habe daher immer »bewusstseinsmindernde Drogen« bevorzugt, solche, die einen Schleier über ihr Leben legten. Die nähmen einfach alle negativen Gefühle weg, beschrieb sie den Zustand. Und genau das habe sie erreichen wollen.

Und dann sagte sie noch einen in meinen Augen sehr traurigen Satz: »Ich wollte so wenig nachdenken wie möglich.«

Mit 21 verliebte Alina sich. Doch die Liebe bot keinen Ausweg. Im Gegenteil: Ihr damaliger Freund, stark heroinabhängig, riss sie noch tiefer in die Sucht hinein. Die Abwärtsspirale drehte sich immer schneller: Sie verdiente das Geld mit Table Dance, er besorgte den Stoff. Beide merkten, dass sie sich gegenseitig nicht guttaten, kamen aber nicht voneinander los. Eines Tages setzten sie sich auf einer Toilette mal wieder zusammen einen Schuss. Alina konnte gerade noch reanimiert werden. Ihr Freund starb an einer Überdosis.

Doch selbst der Schock über seinen Tod konnte ihre Sucht zu diesem Zeitpunkt nicht mehr stoppen. Auch danach spritzte Alina jahrelang weiter, wurde cracksüchtig und erlebte schlimme Abstürze im Rotlichtmilieu. Es dauerte noch Jahre, bis sie sich eingestehen konnte, dass sie ernsthaft krank war und dass diese Krankheit auch nicht von alleine weggehen würde. Erst nach dieser schmerzhaften Selbsterkenntnis, auf die sie aus meiner Sicht sehr stolz sein kann, konnte sie sich Hilfe holen.

Alina hat ihre Sucht überlebt.

Auch mein Freund von damals ist nicht gestorben. Ich habe ihn trotzdem verloren, auf eine andere Art und Weise.

Als Jugendlicher redete ich immer wieder auf ihn ein: Hör doch damit auf! Mal versuchte ich es freundlicher, mal energischer. Mal war ich laut und direkt, mal leise bittend. Ich kämpfte lange um ihn, und ich kämpfte verzweifelt um unsere Freundschaft. Aber ich musste schließlich doch einsehen, dass ich diesen Kampf nicht gewinnen konnte.

Es stand nicht in meiner Macht.

Drogen sind oft stärker als die Worte, die man ihnen von außen entgegensetzt. Sie sind oft sogar stärker als die Person, die an der Suchterkrankung leidet. Ich musste einsehen, dass mein Einfluss bei meinem Freund nichts ausrichten konnte.

Unsere Freundschaft veränderte sich, wir wurden uns fremder, aber wir blieben wenigstens in Kontakt. Heute sind wir in gänzlich unterschiedlichen Welten unterwegs. Ich habe gelernt das zu akzeptieren.

In meiner Zeit als Profisportler stand übrigens wirklich eines Tages die Anti-Doping Agentur NADA am Spielfeldrand. Es wäre ja auch theoretisch durchaus denkbar, dass

Rollstuhlbasketballer sich was reinziehen. Basketball hat viel mit Kopfarbeit und Konzentration zu tun, schnelle Entscheidungen sind gefragt. Substanzen wie Kokain, die helfen, deine Wachheit oder Wahrnehmung künstlich zu steigern, könnten da durchaus verlockend sein. Verbotene Muskelaufbauprodukte ebenfalls. Darin unterscheidet sich der Behindertenleistungssport grundsätzlich nicht von anderem Leistungssport.

Ich persönlich habe jedoch nie, zu keinem Zeitpunkt, mitbekommen, dass jemand in meinem Umfeld je etwas genommen hätte.

Die Kontrolle ereilte uns in Toronto bei der Weltmeisterschaft im Juni 2017, wo ich mit der U23-Nationalmannschaft antrat. Wir waren gerade aus dem Turnier ausgeschieden, mit nur drei Punkten Rückstand in unserem letzten Spiel –, und waren dementsprechend am Boden zerstört. Eigentlich hatten wir gehofft, mindestens bis ins Halbfinale zu kommen. Genau in diesem Moment der Niederlage traten fremde Männer an mich heran: »We need you to come over here.« Zusammen ging's dann zur Toilette, Hose auf, pinkeln unter Aufsicht. Alle Augen auf meinen … Naja, jedenfalls sehr gewöhnungsbedürftig. Meine Stimmung war sowieso schon am Nullpunkt, die Dopingkontrolle machte es nicht besser. Auch wenn das Ergebnis für mich schon vorab klar war: Natürlich hatte ich nicht gedopt.

Bis heute haben Drogen in meinem Leben keinen Platz. Und selbst in Momenten der Niedergeschlagenheit kommen mir Alkohol, Haschisch oder ähnliches nicht in den Sinn. Dafür war ich vermutlich zu lange Leistungssportler. Die Warnungen vor den vielfältigen Gefahren sind mir in Fleisch und Blut übergangen. Wenn ich jemanden rauchen sehe, denke ich an Teer und geschädigte Lungen, ich kann gar nicht anders.

Aber ich weiß auch, dass eine Suchterkrankung nichts ist, was man sich als Jugendlicher wünscht und aussucht. Es passiert – aus vielerlei Gründen.

Bevor wir diese Gründe nicht näher kennen, sollten wir uns kein Urteil erlauben. Schon gar kein abfälliges.

13

Manchmal hilft nur ein Richtungs- wechsel

Schule ist mir zum Glück nie schwergefallen. Ich musste auch in der Oberstufe wenig lernen, ich habe mich oft erst einen Abend vor einer Klausur hingesetzt, um mir den Stoff anzuschauen. Manchmal legte ich in der Oberstufe auch eine Nachtschicht ein, denn die Nachmittage, Abende und Wochenenden waren ja mit Training und Spielen belegt. Von meinem Verein in Wiesbaden – fast 150 Kilometer von Bonn entfernt – kam ich an den Wochentagen immer erst spät abends zurück. Dann noch Hausaufgaben, oft bis nach Mitternacht, und um 8.00 Uhr wieder im Klassenzimmer sitzen. Entspannt war das nicht, aber ich hatte es mir so ausgesucht. Und ich wollte trotz Leistungssport unbedingt weiter gute Noten schreiben. Ich hatte mir fest vorgenommen, dass auf meinem

Abitur eine Eins vor dem Komma steht. Nicht aus einem bestimmten Grund – einfach nur, um es mir selbst zu beweisen. Gereicht hat es am Ende für einen Durchschnitt von 1,9.

Dass ich nach dem Schulabschluss irgendwas studieren würde, stand für viele Menschen in meinem Umfeld eigentlich fest. Anders als beim Profifußball verdient man als Profi-Rollstuhlbasketballer keine riesigen Summen. Wenn man zu den Besten des Landes gehört, kann man zwar durchaus von dem Vereinsgehalt leben. Aber das auch nur wenige Jahre lang. Nämlich nur, solange der eigene Körper das Leistungsniveau halten kann. Ich wusste also schon als Abiturient, dass ich relativ schnell eine andere Berufsperspektive brauchte. Doch was könnte das sein?

Nach dem Abi wechselte ich zunächst noch mal den Verein, spielte nun wieder in Bonn, bei einem Erstligisten, und gehörte der Junioren-Nationalmannschaft an. Ich war außerdem in den erweiterten Kader der A-Mannschaft, der Nationalmannschaft der Herren, vorgerückt. Ein hartes Auswahlverfahren lag hinter mir, ich hatte mich gegen viele andere durchgesetzt.

Sportlich lief eigentlich gerade alles bestens.

Und trotzdem: Irgendwas rumorte und brodelte in mir.

Schon während der Zeit in Wiesbaden hatte ich immer deutlicher gespürt, wie sehr meine Lebensqualität litt. Ich verbrachte viel zu viel Zeit auf der Autobahn beim Pendeln zum Training oder zu den Turnieren. Als Profisportler war fast alles in meinem Leben fremdbestimmt und von Zeitplänen diktiert, auf die ich keinen Einfluss hatte. Einerseits genoss ich den Erfolg sehr. Die ersten eigenen

Einkünfte, die mir mein Vertrag garantierte, machten mich stolz. Andererseits schnürten mich der Alltag bei einem Erstligisten und die Spiele mit der Nationalmannschaft ziemlich ein.

Ich spielte verschiedene Varianten durch. Parallel zum Sport ein Medizinstudium anfangen? Nein: zu langwierig und zu lernintensiv. Vielleicht ein BWL-Studium? Die unternehmerische Selbständigkeit reizte mich, ich wollte später mal frei sein, mein eigener Chef, selbst entscheiden, was ich mache. Aber lohnte es sich, dafür jahrelang in Hörsälen und Seminarräumen rumzusitzen? Ich sprach mit einigen ehemaligen Betriebswirtschaftsstudenten, die mir eher abrieten. Die Studieninhalte seien ziemlich theoretisch. 80 Prozent brauche man nach dem Studium nie wieder. Das gab mir zu denken. Außerdem wusste ich, dass Wissenschaft mich eigentlich nicht interessierte. Und ich wollte nicht warten; ich wollte jetzt gleich mit irgendetwas loslegen. Alles, was nach Umweg aussah und unnötig Zeit kostete, schreckte mich ab.

Während die Monate vergingen, wurde mein Umfeld langsam unruhig.

»Was willst du denn nun machen?«

»Bewirb dich doch auf eine Ausbildung!«

»Oder vielleicht ein Praktikum?«

»Fang doch erst mal was an, du kannst ja später immer noch studieren.«

Meine Zukunft – das große Fragezeichen.

Zwar trainierte und spielte ich weiterhin als Profi, aber auch das zunehmend halbherzig. Abseits davon gab es keinen konkreten Plan – außer diese kurzen Internet-Videos, die ich seit einiger Zeit mit meinem Bruder drehte.

Schon während meines Abis hatten wir damit angefangen: Alle paar Monate lud ich kleine Beiträge im Netz hoch. Den Spott einiger Schulkameraden (der natürlich nicht ausblieb) ertrug ich klaglos.

Nach dem Schulabschluss machte ich mit den Videos nahtlos weiter. Doch das neue Hobby vertrug sich leider nicht gut mit dem Sport. Manchmal kam ich zu spät zu einem Basketballspiel, weil ein Dreh doch länger gedauert hatte als geplant. Das gefiel der Mannschaft natürlich nicht, immerhin war ich der Kapitän. Ein anderes Mal wurde ich mit einem Video nicht schnell genug fertig, weil mich die Basketballtermine zu sehr beschäftigten. Ich machte beides, aber nichts richtig.

Es war klar, dass ich eine Entscheidung treffen musste. Und zwar eine radikale.

Ich weiß nicht, ob sich das für Außenstehende verständlich erklären lässt: Jahrelang war Rollstuhlbasketball alles für mich gewesen, das Zentrum meiner Existenz. Ich hatte vieles dafür in Kauf genommen, ein erfolgreicher Sportler zu werden. Aber nun fühlte ich eine Art Resignation. Sollte das alles in meinem Leben sein? Klar, ich verdiente Geld damit – aber ist Geld wichtiger als Zeit? Und müsste ich mich nicht dringend fragen, wozu ich meine kostbare Lebenszeit in Zukunft nutzen wollte? Was eigentlich meine *Berufung* war, und wie demzufolge mein Beruf aussehen sollte?

Zum Glück gab es einige Begegnungen in der Zeit während und nach dem Abitur, die mir bei dieser schweren Frage auf die Sprünge halfen.

Wenn ich ausnahmsweise mal ein Wochenende Basketball-frei hatte, war ich manchmal mit Ute Herzog, meiner ehemaligen Trainerin unterwegs. Sie fuhr regelmäßig mit einem großen Anhänger voller Rollstühle zu Schulen und brachte nichtbehinderten Kindern das Rollstuhlfahren bei. Mit durchschlagendem Erfolg: Denn wer einmal in seinem Leben in einem Rollstuhl gesessen hat, dessen Perspektive verändert sich für immer. Du siehst deine gesamte Umgebung mit anderen Augen. Rollstühle sind nämlich kein Problem – sondern sie lösen ein Problem. Das Problem des Nicht-gehen-Könnens, das jeder Mensch temporär mal haben kann. Rollstühle machen frei und unabhängig. Und die Kinder liebten diese Rollstuhl-Workshops! Ohne jedes erklärende Wort wussten sie danach erstens, wie wild man mit Rollstühlen rumdüsen kann, und zweitens, was mit »Teilhabe« gemeint ist.

Jedenfalls fuhr ich einige Male zu diesen Workshops mit und unterstützte Ute Herzog als Übungsleiter. Und ich merkte: Das liegt mir! Ich komme mit unterschiedlichen Gruppen und Menschen sehr gut zurecht. Ich kann mit Hauptschülern genauso unproblematisch kommunizieren wie mit Gymnasiasten.

Einer dieser Ausflüge ist mir besonders in Erinnerung geblieben: Wir kamen zu einer Hauptschule, die mich schon äußerlich schockierte. Ein grauer, dunkler Betonklotz, völlig runtergekommen. Die Kinder, die in der Turnhalle auf uns warteten, spiegelten die Atmosphäre des Ortes wider: Sie standen vor uns, mit hängenden Schultern und gesenkten Blicken, eine Mischung aus lustlos und eingeschüchtert. Ich konnte es kaum fassen, wie deprimierend hier alles war.

Zum Glück hatten wir zwei Stunden Zeit mit ihnen. Ich schaute genau hin: Welcher Rollstuhl passt zu wem? Die einen sind vorsichtiger, die anderen wagemutiger, das muss man berücksichtigen. Kaum saßen sie und hatten von uns erste Anweisungen erhalten, änderte sich die Stimmung in der Sporthalle komplett. Energie und Dynamik entstanden, es wurde gelacht und gebrüllt vor Freude. Schnell machten die Kinder Fortschritte mit dem ungewohnten Gefährt: fahren, drehen, bremsen – wow! Ich brachte dann noch einen Basketball ins Spiel und zeigte ihnen, wie man vom Rollstuhl aus Körbe wirft. Wir bildeten sogar kleine Mannschaften und spielten einige kurze Runden gegeneinander. Bei jedem guten Wurf gab es Jubel.

Am Ende der Doppelstunde wollten die Kinder gar nicht mehr aussteigen aus ihren Rollstühlen, so begeistert waren sie. Ganz offensichtlich hatten ihnen die Bewegung, das Teamplay und die Erfolgserlebnisse in der Turnhalle extrem gutgetan. Ich fragte mich damals: Warum sorgt man nicht dafür, dass diese Kinder öfter solche Erlebnisse haben – damit sie jeden Tag mindestens einmal merken, wie schnell sie Dinge lernen können und wie viel Spaß das gemeinsam macht? Warum werden sie nicht besser ermutigt und unterstützt?

Mir selbst bereitete die Arbeit in der Turnhalle unglaublich viel Freude. Es war anstrengend, klar, aber ich hätte das trotzdem täglich machen können. Vielleicht also doch eine Ausbildung oder ein Studium in Richtung Soziale Arbeit? Der Gedanke kam mir durchaus.

Was mich abhielt, waren die äußeren Umstände. Ich sah, wie Ute Herzog alles mit so viel Herzblut stemmte und trotzdem ständig mit Widerständen kämpfte. Engagement im sozialen Bereich erfährt gesellschaftlich wenig

Wertschätzung. Die Schulen haben sowieso kaum Geld. Deshalb bleibt man immer auf öffentliche Gelder oder Spenden angewiesen. Viele tolle Projekte laufen nur befristet und sind nicht gut finanziert. Da kann man als Einzelner noch so viel Energie reinstecken, die schlechten Rahmenbedingungen bremsen einen über kurz oder lang aus.

Trotzdem nahm ich aus diesen Begegnungen an den Schulen wichtige Erkenntnisse für mich mit: Offenbar hatte ich ein Talent dafür, Menschen dort abzuholen, wo sie gerade stehen. Und: Es machte mir eine irre Freude, etwas zu vermitteln und andere zu motivieren. Nach zwei Stunden Workshop war ich für die nächsten zwei Wochen vollgetankt mit Lebensfreude.

Das wiederum brachte mich schließlich darauf, was ich *wirklich* wollte.

Ich würde kein Arzt werden, kein Start-up gründen und auch kein Sozialarbeiter werden.

Ich würde YouTube machen. Und zwar Vollzeit.

14

Mach was Anständiges

Die Idee ließ mich nicht mehr los.

Und wenn ich mir einmal etwas in den Kopf setze, bringt mich nichts und niemand davon ab.

Das bedeutete allerdings: Ich musste mit dem Rollstuhlbasketball aufhören. Komplett.

Nachdem ich diese beiden Entschlüsse gefasst hatte – ab sofort nur noch YouTube, ab sofort kein Leistungssport mehr – konnten selbst beste Vereinsbedingungen und noch verlockendere Verträge nichts mehr an meiner Meinung ändern. Meine Ziele hatten sich verschoben: Ich wollte mir etwas Eigenes aufbauen. Ich wollte charakterlich weiter wachsen. Und ich wollte andere Menschen mit meinen Botschaften erreichen.

Die Ausstiegsverhandlungen mit meinem Verein führte ich selbst. Die Gespräche waren nicht leicht, ich stieß erst mal auf wenig Verständnis: »Was? Warum denn? Du bist auf der Höhe deines Erfolgs! Du machst einen Fehler! Überleg es dir noch mal!«

Doch ich blieb standhaft.

Mir war schon während meiner Wiesbadener Zeit klar geworden: Nur *ich* kann für mein Leben die wichtigen Entscheidungen treffen, niemand sonst. Und nur ich kann in Gesprächen ruhig und entschlossen für mich selbst einstehen und dafür sorgen, dass mir zugehört wird. Und am Ende bin ich niemandem Rechenschaft schuldig – nur mir selbst. Mit dieser Selbstgewissheit entschied ich mich nun auch gegen die Universität. Stattdessen schraubte ich mir zu Hause im Schnelldurchgang ein paar Bücher zur Selbständigkeit rein. Das musste reichen.

Die ersten Wochen ohne Ball fühlten sich ganz gut an, wie Urlaub. Dann bemerkte ich leichte Entzugserscheinungen. Dem Körper fehlte etwas. Sport sorgt ja auch dafür, dass körpereigene Drogen ausgeschüttet werden: Dopamin, Serotonin und Endorphin. Auch die deutlich reduzierte Bewegung machte sich bemerkbar: In den folgenden zwei Jahren nahm ich rund 15 Kilo zu. Als Sportler ist man es gewohnt große Portionen zu essen. Schließlich verbrennt man auch viel. Ohne Sport steigt bei vielen ehemaligen Leistungssportlern das Gewicht rapide an, denn die Essgewohnheiten ändern sich ja nicht von heute auf morgen. Ich war da keine Ausnahme.

Es wäre gelogen, wenn ich behaupte, dass ich in dieser Zeit des Umbruchs nicht auch gezweifelt habe. Aber es gehört zu meinen wichtigsten Prinzipien, dass ich einmal getroffene Entscheidungen durchziehe. Das gilt heute genauso wie als Zehnjähriger, als ich sehnsüchtig am Spielfeldrand stand und bei den Großen mitspielen wollte.

Zunächst besorgte ich mir gutes Equipment: Kameras, Mikrophone, Monitore, Schnittprogramme. Das konnte ich mir zum Glück von meinem ehemaligen Gehalt als

Erstligist und Nationalspieler leisten. Ein bisschen Geld gespart hatte ich auch. Das investierte ich nun in meinen YouTube-Kanal – der hoffentlich bald richtig durchstarten würde.

Mein Umfeld war entsetzt. Richtig fassungslos. »Ist das dein Ernst?«

Leute aus der Schule, Freunde, Familienmitglieder: So ziemlich alle schüttelten entgeistert den Kopf. Der Beruf YouTuber ist in vielen Kreisen ja total verpönt. Mit dem Handy durch die Stadt laufen und sich dabei selbst zu filmen – geht's noch peinlicher?

Dauernd musste ich mir anhören, dass ich mit dieser Idee nur wertvolle Zeit verlieren würde. Zeit, die ich besser in ein Studium, eine Ausbildung oder sonst etwas stecken sollte. Sogar enge Freunde fanden die Idee absurd, lächerlich. Bisher waren die Produktionsbedingungen im Kinderzimmer ja auch ziemlich dilettantisch. Immer wieder platzte jemand in mein Zimmer oder der Staubsauger wurde angeschmissen, wenn ich gerade mitten in der Aufnahme war. Mist! Noch mal von vorne! Ich selbst betrachtete das alles schon als ernsthafte »Arbeit«, der Rest der Welt hielt es eher für ein nerviges Hobby.

Und ehrlich gesagt lief es zunächst nur sehr mittelmäßig.

Auch das machte meinem Umfeld Sorge. Sie sahen, wie ich mich abmühte, damit meine Videos überhaupt von 100 bis 200 Leuten angeklickt wurden. Die bohrenden Fragen ließen nicht auf sich warten:

»Hast du damit schon einen einzigen Cent verdient?«

»Nein.«

»Woher willst du wissen, dass das jemals anders sein wird?«

»Ich habe keine Garantie. Aber ich mache weiter. Und ich weiß: Es kann funktionieren.«

»Leeroy, bitte, das ist doch wirklich Quatsch. Hör auf damit.«

Oft sprachen Liebe und ehrliche Sorge aus diesen Ratschlägen. Es war gut gemeint und kam von Herzen. Viele Menschen in meinem nächsten Umfeld wollten einfach nicht, dass ich scheiterte. Deshalb wurde ich immer wieder in Berufsfindungsgespräche verwickelt, deswegen hielt man mir Flyer von bestimmten Studiengängen und Ausbildungen hin. Und dazu fiel häufig der Satz: »Das mit dem Internet kannst du doch nebenbei machen.«

Die Gesellschaft hat hohe Erwartungen an ihren Nachwuchs, das spürte ich damals deutlich. Man hatte jahrelang im Bildungssystem in uns investiert, jetzt sollten wir bitte schön erwachsen werden, produktiv sein, uns ins System einfügen, arbeiten gehen und Steuern zahlen.

Was Anständiges machen eben.

Aber genau das wollte ich doch. Produktiv sein, mein eigenes Geld verdienen – und vor allem: was Anständiges machen! Etwas, das der Gesellschaft hilft, das sie weiterbringt. Etwas, mit dem ich die Welt ein bisschen besser machen kann. Wer sagt, dass der Beruf YouTuber dafür ungeeignet ist? Ich war mir sicher: Er ist sogar hervorragend dafür geeignet! Wenn ich es schaffte, ein erfolgreicher YouTuber zu werden, dann würde ich meine Überzeugungen nach außen tragen können. In viele Städte, in viele Kinderzimmer, in viele Köpfe hinein.

Das war jetzt mein Plan A. Einen Plan B hatte ich nicht.

Funktionale Berühmtheit

Auch, wenn das von außen anders aussehen mag: Meine Motivation war nie, ein »Promi« zu werden. Ich mag nicht mal das Wort. Und viele Aspekte des Bekanntseins sind mir auch eher unangenehm. Der Rummel um meine Person, die Aufmerksamkeit von fremden Menschen, wenn ich irgendwo in der Stadt privat unterwegs bin – darauf könnte ich gut wieder verzichten. Mir ging es damals wie heute nur um »funktionale Berühmtheit«, so nenne ich das. Ich brauchte die Reichweiten für einen bestimmten Zweck. Ich wollte die Massen erreichen. Wenn ich heute Sätze in die Kamera sage wie: »Jede Form von Rassismus ist Scheiße«, dann weiß ich, Hunderttausende, vielleicht sogar Millionen hören mir zu. Ich kann meine Stimme für Sinnvolles erheben. Damals konnte ich meine Ziele meinem Umfeld nur schwer verständlich machen. Sie hörten nur »YouTube« und schon gingen die inneren Rollläden runter.

Immerhin: Zwei Menschen glaubten an mich. Der eine war mein langjähriger enger Basketball-Freund. Wir trainierten schon als Teenager zusammen in Bonn, während des Abiturs pendelten wir zusammen nach Wiesbaden, und wir wechselten später zusammen zurück nach Bonn. Er kannte mich so gut wie sonst kaum jemand – und er kannte auch meine Willensstärke. Sein Kommentar zu meiner YouTube-Idee: »Wenn du das wirklich willst, schaffst du das.«

Der andere Unterstützer war mein Bruder. Er war noch

Oberstufenschüler damals, aber er sah glasklar das Potenzial des Mediums. Eigentlich wollte er nach der Schule zur Polizei gehen, das stand schon lange für ihn fest. Aber sich mit mir zusammen selbständig zu machen, lockte David genauso. »Zieh mit mir nach Köln«, bat ich ihn. »Und lass es uns gemeinsam versuchen.«

Er nickte. »Okay, machen wir.«

Und das, obwohl ich ein Jahr zuvor noch völlig anders geklungen hatte.

An dieser Stelle ein kurzes, möglicherweise überraschendes Geständnis: Ich habe durchaus ein zwiespältiges Verhältnis zu sozialen Medien. Zu meinem sechzehnten Geburtstag, mitten in meiner intensivsten Sportlerphase, machte mir mein Bruder ein Geschenk. Er hatte heimlich eine Facebookseite für mich – den angehenden Basketball-Profi – aufgesetzt und im Freundes- und Bekanntenkreis wochenlang dafür getrommelt. Als ich die Seite übernahm, hatte sie schon über 3000 »Gefällt mir«-Daumen. Eine Weile war ich dann recht aktiv, aber irgendwann, um meinen achtzehnten Geburtstag herum, schien mir Social Media plötzlich nur noch meine wertvolle Zeit zu stehlen. Ich sah keinen Sinn mehr darin. Von einem Tag auf den anderen löschte ich alle meine Profile.

Von 100 auf null. Und jetzt plötzlich wieder hoch auf 100.

Ich hätte es verstanden, wenn auch David mich nicht ernst genommen hätte.

Doch er war Feuer und Flamme.

Nun war ich also wieder da, allerdings nicht mehr als Spieler der Nationalmannschaft, sondern als »Leeroy Matata«, der junge Bonner YouTuber. Ab jetzt hatte ich ein klares Ziel vor Augen: eine Million Abonnenten. Denn ab einer Million, so hieß es damals jedenfalls, könne man von diesem Beruf leben.

Nachdem ich mir diese Marke gesetzt hatte, fiel schlagartig alle Angst und Scham von mir ab. Ob ich mich in den Augen anderer lächerlich machte – das war mir vollkommen egal. Die Tür zum Profisport hatte ich zugeschlagen. Für immer. Ich hatte beruflich alles auf die Social-Media-Karte gesetzt, das war ziemlich riskant, aber so war es jetzt.

Augen auf und durch.

15

Wir sind füreinander da

Für meinen neuen Beruf legte ich mir auch ein neues Outfit zu, eine Art YouTube-Verkleidung. Ich trug vergleichsweise große Ohrringe, eine dicke Hornbrille mit Fensterglas und eine Kappe. Wenn ich diese Accessoires angelegt hatte, konnte ich innerlich den Schalter umlegen. Das klingt ein bisschen albern, aber es half mir, vor der Kamera in meine neue »Rolle« zu finden. Wenn man sich die ganz alten Videos anschaut, merkt man auch, dass ich anders spreche als heute, so mit betont coolem Teenager-Slang und in anderer Stimmlage. Zu meiner Entschuldigung kann ich nur sagen: Ich war jung und sendete aus dem Kinderzimmer heraus.

Mittlerweile trenne ich nicht mehr so streng zwischen dem privaten Leeroy und dem Leeroy, der vor der Kamera steht. Ohrringe trage ich jetzt immer, die gehören mittlerweile fest zu mir. Brille und Kappe lasse ich schon lange wieder weg. Trotzdem unterscheiden sich der öffentliche und der private Leeroy in Nuancen. Ein netter Mitmensch bin ich in beiden Welten (das hoffe ich jedenfalls). Aber vor der Kamera agiere ich oft ein bisschen flinker und unterhaltsamer als privat; da erlebt man mich eher ruhig, manchmal auch grüblerisch. Wobei ich mittlerweile auch meine nachdenkliche Seite in meinen Videos ausleben kann.

Mit den Reichweiten war es anfangs so eine Sache.

Eine ziemlich zähe Angelegenheit, um genau zu sein.

Ich gab alles – in alle Richtungen. Griff jedes Thema auf, das mir vor die Füße fiel. Beispielsweise regte ich mich über Donald Trump auf, der sich damals gerade im Wahlkampf befand und auf Muslime schimpfte. Ich kommentierte mit Leidenschaft Fußballthemen, etwa den unfassbar teuren Transfer von Neymar von Barcelona nach Paris 2017. Was mich ebenfalls sehr beschäftigte, war mein Leben als Rollstuhlfahrer und die ständigen und unnötigen Hürden, die der Alltag mit sich brachte. Ich ärgerte mich maßlos, dass die Türen in öffentlichen Verkehrsmitteln nicht endlich so konstruiert wurden, dass man mit einem Rollstuhl problemlos ein- und aussteigen konnte. Bonn schaffte zu dieser Zeit gerade nagelneue Straßenbahnen an, für sehr viel Geld, aber wieder waren sie nicht rollstuhlgerecht!

Das gleiche betraf die Nah- und Fernzüge der Deutschen Bahn. Jedes Mal fragte ich mich: Wie soll ich da einsteigen? Soll ich über die Stufen robben? Oder auf den Schaffner warten, dass er mir eine Laderampe besorgt oder mich und meinen Rollstuhl sogar mit Hilfe einer Hebebühne reinhievt? Soll ich dabei riskieren, dass mir der Zug vor der Nase wegfährt? Alles unfassbar umständlich.

Dazu hatte ich eine Meinung – und die wollte ich so laut sagen, dass möglichst viele sie hören. Denn oft war da im Alltag dieses Gefühl in mir: Warum fragt denn keiner, was wir Rollstuhlfahrer wirklich brauchen?

Ich hätte sogar Lust gehabt, innovative technische Lösungen auszutesten, gerne zusammen mit anderen Menschen mit körperlichen Handicaps. Warum bezieht ihr uns nicht in Produktentwicklungen von Anfang an mit ein, warum finden wir nicht gemeinsam Kompromisse, die uns allen das Leben erleichtern? Wir könnten dann viel besser am öffentlichen Leben teilnehmen – und es würde den Rest der Gesellschaft gar keine große Anstrengung kosten.

Was ich stattdessen erlebte, war oft purer Hohn. Rund die Hälfte der Straßenbahnhaltestellen in Bonn war damals nicht auf Rollstuhlfahrer zugeschnitten. Der Halt: oft mitten auf einer befahrenen Straße. Dann eine riesen Stufe zwischen Bahn und Asphalt. Für mich hieß das: Ich hatte keine Chance, an dieser Haltestelle rein oder raus zu kommen. Da ich kein Auto hatte, musste ich notgedrungen weiterfahren (bis zu einer rollstuhlkonformen Haltestelle) und anschließend mit dem Rollstuhl die Strecke wieder zurück. Wenn ich Freunde besuchen wollte, kam das oft vor. Aus drei Kilometern wurden schnell fünf, aus einer halben Stunde Wegzeit schnell mal eine volle Stunde.

In vielen meiner Videos machte ich das zum Thema. Humor und Sarkasmus durften dabei natürlich nicht zu kurz kommen. Parallel startete ich auf Instagram tägliche Live-Chats, in denen sich Fremde und Follower versammeln konnten. Die Leute hörten mir zu, steuerten aber auch selbst Erfahrungen und Geschichten bei. Ich merkte, dieser abendliche Dialog macht mir wahnsinnig viel Spaß und die minikleine Öffentlichkeit gefällt mir sehr. Wir sprachen über alle möglichen Themen, über Sport und Fußball natürlich, auch über Rollstuhlbasketball. Und manchmal hörten wir einfach zusammen Musik.

Bald hatte sich ein kleiner Kreis um mich versammelt. Erst waren es nur eine Handvoll Menschen, dann ein paar Dutzend, schließlich knackte ich die 100. Wir chatteten über diverse Kanäle miteinander. Es ging nicht darum, dass sie meine Fans sein sollten. Im Gegenteil, wir waren uns einig, dass wir alle auf Augenhöhe sind – eine eingeschworene Gemeinschaft. Uns verbanden gemeinsame Werte: Wir wollten die Welt zum Besseren verändern und uns gegenseitig aufbauen und motivieren. Hass hatte bei uns keinen Platz. Wir hatten uns vorgenommen, uns gegenseitig respektvoll zu begegnen, uns zuzuhören – und diesen Spirit auch nach außen zu tragen.

Der harte Kern meiner Follower kannte mich bald in- und auswendig. Sie schalteten trotzdem immer wieder ein. Es gefiel mir, dass es da eine Verbundenheit und Offenheit zwischen uns gab, obwohl wir örtlich teilweise weit voneinander entfernt waren. Ich war unglaublich stolz auf diese tolle Community, auch wenn wir anfangs nur eine sehr überschaubare Gruppe waren.

Aber nach und nach weitete sich der Kreis.

Und ich bekam zunehmend Nachrichten, die mir zeigten, dass ich auf dem richtigen Weg war.

Eine davon ist mir besonders in Erinnerung geblieben: Ein Mädchen, vielleicht 13 Jahre alt, kontaktierte mich über Instagram. Mit einer Direktnachricht, die nur ich lesen konnte. Ziemlich langer Text. Ihr Papa, schrieb sie, sei seit einem Unfall querschnittsgelähmt. Seitdem mache er kaum noch was, gehe nicht mehr raus, treffe seine

Freunde nicht mehr. Sie habe versucht ihn aufzumuntern, aber zwecklos. Er sei nur noch deprimiert. Antriebslos. Als die Tochter sich gar nicht mehr zu helfen wusste, habe sie angefangen, ihm Videos im Internet zu zeigen. Guck mal, Papa, das ist Leeroy. Der ist noch ganz jung und sitzt auch im Rollstuhl. Zusammen haben sie sich meine kurzen Filme angeschaut. Irgendwann habe ihr Papa alleine weiter geguckt – und plötzlich habe es bei ihm Klick gemacht, schrieb sie. Er fand langsam seine Lebensfreude wieder, meldete sich sogar bei seiner alten Band. Jetzt mache ihr Papa wieder mit seinen Freunden Musik. Dazu schickte sie mir ein Foto von sich und ihrem Vater, wie sie zusammen in die Kamera lachen.

An das Gefühl, das diese Zeilen in mir auslösten, erinnere ich mich bis heute. Unbeschreiblich. Hätte ich jemals gezweifelt, ob meine Arbeit im Internet Sinn macht – diese eine Nachricht hätte gereicht, damit ich weitermache. Denn sie zeigt: Wir können einen Unterschied machen im Leben von anderen Menschen. Jeden Tag. Jeder von uns.

Aber nicht nur ich war nun in der glücklichen Position, andere zu inspirieren. Umgekehrt lief es genauso:

Eines Abends schrieb ein Mädchen in meinem Live-Chat, sie sei 17 und schon Mutter. Mit 14 schwanger geworden. Ungeplant. Sie erzählte, wie sie von ihrer Mama von Anfang an unterstützt worden war und zum Glück auch in der Schule bisher keine blöden Sprüche gekriegt habe. Wir hörten ihr aufmerksam zu. Und dann fragte ich sie einfach: Willst du mit mir ein Video für YouTube drehen? Würdest du dich trauen, mir vor der Kamera einige persönliche Fragen zu beantworten? Über die Schwangerschaft, über deine Erfahrungen als junge Mama – und vielleicht auch über die Vorurteile, die vielen Teeniemüttern entgegenschlagen?

Wir verabredeten uns direkt für den nächsten Tag.

Die erste Folge

Die damals 17-Jährige und ihre kleine Tochter waren dann 2018 tatsächlich die allerersten Interviewgäste in meinem gerade erst erfundenen Format »Wie ist es … ZU SEIN?«, von dem es mittlerweile über zweihundert Folgen gibt. Ich traf die beiden auf einer Parkbank in der Nähe ihrer Wohnung und durfte Zeuge einer liebevollen, gelassenen Mama und einer supersüßen Zweijährigen werden, die neugierig alles inspizierte – von meinem Rollstuhl über die Kamera bis zur Handtasche ihrer Mutter, die am Kinderwagen hing. Die ermutigenden Worte der jungen Mutter wurden millionenfach angeschaut und geteilt.

16

Toleranz kann man trainieren

Fürsorge und Verantwortung: Das fühle ich immer gegenüber den Gästen, die sich mit mir vor die Kamera setzen. Zum Beispiel für das Mädchen, das mir von ihrer Schwangerschaft als 14-Jährige erzählte. Ihr Video war 2018 der erste Meilenstein auf meinem neuen »Leeroy will's wissen«-Kanal, mit mehreren Millionen Klicks. Hätte ich sie – eine damals noch Minderjährige – interviewt ohne die Zustimmung ihrer Mutter? Nein. Hätte ich sie interviewt, wenn ich das Gefühl gehabt hätte, ihr oder ihrer kleinen Tochter gehe es nicht gut? Nein. Hätte ich ein Video veröffentlicht, das ihre Würde oder ihre Privatsphäre verletzt?

Niemals.

Ich arbeite in meinen YouTube-Videos mit den Methoden des Boulevardjournalismus, keine Frage. Ich nutze plakative Fotos und setze knallige Überschriften ein. Ich will, dass viele Menschen aufmerksam werden. Aber was dann kommt, ist kein Boulevard. Niemand wird vorgeführt, lächerlich gemacht oder ausgenutzt. Jeder meiner Gesprächspartner bekommt seine Zeit – und meine ungeteilte Aufmerksamkeit.

Ich möchte meinen Gästen eine Plattform bieten, auf der sie ihre Geschichte angstfrei erzählen können, ohne von mir oder dem Publikum vorverurteilt zu werden. Viele hundert Menschen melden sich jeden Monat bei mir und meinem Team und wollen an die Öffentlichkeit. Viele haben das Bedürfnis sich mitzuteilen, es endlich mal rauszulassen. Manche verarbeiten damit ihre Erlebnisse oder Schicksale. Anderen ist es wichtig, die Leute da draußen zu erreichen, sie aufzuklären oder Betroffenen weiterzuhelfen.

Meine Aufgabe sehe ich nicht nur darin, ein einfühlsames Gespräch zu führen. Ich möchte die Videos, die ich mit meinem Team produziere, anschließend auch perfekt platzieren. Es ist mein Ansporn, meinen Gesprächspartnern zum größtmöglichen Publikum zu verhelfen. Warum? Weil es einen großen Unterschied macht, ob 100, 10 000 oder 1 000 000 Leute dir zuschauen, wenn du etwas erzählst. Ob du ein paar wenige mit deinen Worten erreichst oder große Teile der Bevölkerung. Manche meiner Videos sind Gesprächsthema in deutschen Klassenzimmern gewesen. Manche knackten binnen 48 Stunden die Zweimillionenmarke.

Und die Reichweite macht etwas mit den Videos: Sie verändert, wie die Inhalte wahrgenommen werden. Man kann sich das ähnlich vorstellen wie im Fernsehen. Wenn ich eine Sendung in der ARD um 20.15 Uhr schaue, dann weiß ich, dass der Sender diesen Beitrag für relevant hält, sonst wäre er ja nicht auf einem Primetime-Sendeplatz gelandet. Nischenthemen werden im Nachtprogramm untergebracht, weil man da sowieso nur mit einer kleinen Zuschauergruppe rechnet. Die Einschaltquoten zur Primetime erreicht man im Nachtprogramm nie.

So ähnlich funktioniert das im Netz auch: Wo viele hunderttausend Zuschauer hinströmen, kommen automatisch noch Tausende hinterher. Es gibt eindeutig einen selbstverstärkenden Effekt im Internet. Und ich überlege mir ständig: Wie kann ich den gut für meine Zwecke nutzen? Die Videos sollen medial so präsent sein wie irgend möglich. Nicht, weil ich *mich* für sonderlich wichtig halte – sondern weil ich die Inhalte für wichtig halte.

Meine Gäste katapultiere ich damit quasi über Nacht ins Scheinwerferlicht. Viele ahnen gar nicht, was das bedeutet. Daher leisten mein Team und ich vor dem Dreh immer Aufklärungsarbeit. Ich versuche, den Leuten klarzumachen: Da kommt echt was auf dich zu, wenn du diesen Schritt wagst. Zwar überwiegen in den Kommentarspalten Anerkennung und Support bei weitem. Aber man kann nie alle überzeugen. Wir erreichen meist ein Verhältnis von 98 zu 2. Das heißt: 98 Prozent der Zuschauer geben positive Rückmeldungen, zwei Prozent üben Kritik – und einzelne hauen richtig unter die Gürtellinie. Darauf muss man gefasst sein, damit muss man umgehen können.

Ich setze alles daran, meine Gäste im Vorfeld dafür zu sensibilisieren. Und ich überlege auch selbst: Hält derjenige oder diejenige es nach meiner Einschätzung aus, falls einige boshafte, verletzende Bemerkungen kommen? Es macht zudem einen riesen Unterschied, auf welchen

Plattformen die Videos geschaut und verbreitet werden. Meine YouTube-Community ist unglaublich unterstützend. Der Ton bei Facebook oder Instagram ist dagegen oft etwas rauer.

Auch mit Melika hatten wir darüber gesprochen, bevor die Kameras eingeschaltet wurden.

Melika ist Muslima, 20 Jahre alt, noch Schülerin und trägt ein Kopftuch und lange Bekleidung. Das Besondere an ihr: Sie lebt ihren Glauben strenger als die allermeisten Muslime in Deutschland. Zum Beispiel achtet sie darauf, dass nur ihr Gesicht und ihre Hände zu sehen sind, wenn sie das Haus verlässt.

Ich bewunderte ihren Mut. Dass sie sich traute, mit mir über das ziemlich kontroverse Thema Kopftuch und Verschleierung zu sprechen, fand ich nicht selbstverständlich. Denn sie würde dem Thema damit ein Gesicht geben – und nach der Veröffentlichung unseres Videos vielleicht in den nächsten Monaten auf der Straße erkannt werden.

Natürlich gibt es viele türkisch- und arabischstämmige Menschen in meinem Freundes- und Bekanntenkreis, auch in meinem Team. Aber ich hatte vorher noch nie die Chance, einer gläubigen Muslima private Fragen zu stellen. Das Thema interessierte mich brennend, ich wollte unbedingt alles wissen:

Wer hat entschieden, dass du ein Kopftuch trägst? Und warum trägst du es überhaupt? Fühlst du dich frei? Was erwiderst du, wenn Menschen sagen, du wirst von deiner Kultur oder deiner Familie unterdrückt? Welche Vorurteile begegnen dir häufig? Hattest du schon mal einen Freund? Was, wenn du lesbisch wärst? Wie würden deine Eltern reagieren, wenn du das Kopftuch ablegst und in einem Spaghetti-Top rumläufst?

Schon im kurzen Vorgespräch zu unserem Interview zeigte sich Melika total offen und direkt. Ich hatte sie aufgeklärt, dass das Kopftuchthema für viele meiner Zuschauer neu sein würde, ungewohnt, sicher auch gewöhnungsbedürftig. Viel mehr Details hatten wir ansonsten nicht miteinander besprochen. Das mache ich immer so, denn ich möchte ja, dass das Kennenlernen in Echtzeit vor der Kamera stattfindet. Wie unser Gespräch genau ablaufen würde, wusste ich also nicht. Als die Kamera eingeschaltet war, fuhr ich mit dem Rollstuhl nahe an ihren Stuhl heran und streckte ihr zur Begrüßung meine Hand hin. Sie nahm sie nicht, lächelte mich aber sehr freundlich an und erklärte mir:

»Sorry, ich gebe aus religiösen Gründen nicht die Hand. Das hat damit zu tun, dass man keine Berührung, keinen Hautkontakt zu einem Mann herstellen möchte.«

Sie fügte dann noch hinzu, dass sie das bei mir bewusst mache, weil sie wisse, ich würde es akzeptieren und aushalten. Anders sehe das zum Beispiel bei Bewerbungsgesprächen aus, da überwinde sie sich teilweise, um das Gegenüber nicht vor den Kopf zu stoßen. »Aber wenn ich es vermeiden kann, Männern die Hand zu geben, ohne damit jemanden zu kränken, dann mache ich es nicht.«

Ich war erstaunt, auch ein bisschen überrumpelt – aber nun erst recht neugierig auf unsere Begegnung. Denn mein Ziel war es, das Gespräch mit Melika so zu führen, dass auch Menschen, die überhaupt kein Verständnis für strenggläubige, kopftuchtragende Frauen haben, wenigstens für 25 Minuten zuhören. Es gibt ja einen Kontext für ihre Entscheidungen. Lasst uns doch versuchen, ihre persönlichen Hintergründe mal kennenzulernen.

Melika erzählte mir, dass sie das Kopftuch seit ihrem elften Lebensjahr in der Öffentlichkeit trage, zu Beginn der fünften Klasse sei sie damit erstmals zur Schule gekommen. Eines ihrer Vorbilder war ihre Mutter. Ihre ganze Familie sei sehr religiös, Beten und Fasten gehören zum Alltag. Stets gehe es darum, »Gott näher zu kommen«, sagte sie mir. Dazu gehöre für sie auch das Kopftuch, das sie täglich an ihren Schöpfer erinnere.

Dass sie ihren Glauben auf diese Weise sichtbar nach außen trägt, bringt Melika viele Probleme ein. Sie wird angefeindet, ausgegrenzt, als »Kopftuchmädchen« beschimpft. In der Schule wurde sie zur Einzelgängerin. Selbst Lehrer übersahen sie im Unterricht absichtlich, so berichtete sie mir, obwohl sie sich aktiv mündlich beteiligte. Auch auf der Straße erlebte sie schon als Jugendliche, wie die Leute den Kopf schüttelten, hinter ihrem Rücken tuschelten oder ausländerfeindliche Bemerkungen fallen ließen. Erst wenn Menschen sie näher kennenlernen würden, rückten die Vorurteile in den Hintergrund: »Dann sehen die nicht mehr nur mein Kopftuch, sondern auch mich, den Mensch darunter.«

Generell, so beobachtet es Melika, stehe man als Kopftuchträgerin ständig im Abseits. Sie werde zum Beispiel meist in einfachen Sätzen, mit übertriebener Mimik und Gestik angesprochen – weil die Leute annehmen, sie spreche sowieso kaum Deutsch. Muslimische Frauen mit Kopftuch würden auch oft intellektuell unterschätzt. Man halte sie eher für eine Reinigungskraft als für eine Professorin, »obwohl viele echt gebildet sind und was drauf haben!« Aufgrund des Kopftuchs bekämen Frauen wie sie beruflich nicht dieselben Chancen wie andere Frauen.

Melika wich keiner meiner Fragen aus, wir sprachen beispielsweise auch über Mädchen und Frauen, die von ihren männlichen Familienmitgliedern massiv unter Druck gesetzt werden und die kein selbstbestimmtes Leben führen dürfen. Melika war es wichtig zu betonen, dass ihre Familie nach liberalen Werten lebt, in Deutschland gut integriert ist und sie persönlich nie zu etwas gedrängt oder gezwungen worden sei. Alles in allem hatten wir ein sehr differenziertes und kluges Gespräch, fand ich. Und ich gebe zu, dass ich darüber sehr erleichtert war, denn ich wusste, dass Melikas Lebensstil auf viele dennoch provozierend wirken würde.

Im Abspann forderte ich das Publikum daher noch mal eindringlich zur Diskussion auf: »Aber bitte lasst uns respektvoll und sachlich bleiben!«

Zum Glück war meine Sorge unbegründet. Denn die Meinungen in den Kommentarspalten waren, bis auf einige Gegenstimmen, weitgehend positiv. Über 90 Prozent der Daumen zeigten nach oben. Wahnsinn! Damit hatte ich bei diesem streitbaren Thema nicht gerechnet. Ich war gleich doppelt stolz, nicht nur auf Melika, sondern auch auf meine Community, die immer wieder bereit ist, aus der eigenen Komfortzone herauszukommen und sich mit Themen zu beschäftigen, die nicht ganz leicht zu konsumieren sind.

Denn genau darum geht es ja: In einer toleranten Gesellschaft muss man es aushalten können, dass nicht jeder so lebt und denkt wie man selbst. Und hoffentlich kann ich mit meinen Videos dazu beitragen, diese Toleranz zu befördern, sie vielleicht sogar zu trainieren wie einen Muskel.

Melika hat die Sache mit der Toleranz, die so wichtig, aber oft eben gar nicht so einfach ist, am Ende unseres Gesprächs so zusammengefasst: Wenn ihr gegenüber eine Person darauf bestehe, dass sie das Kopftuch ausziehen solle, weil sie damit unterdrückt werde, dann sei das doch eigentlich genau die falsche Denkweise. Denn für sie, Melika, drücke sich gerade in ihrer langen Kleidung und ihrer Kopfbedeckung ihre Eigenständigkeit aus. »Ich will mich ja so anziehen!«

Und: »Das ist doch genau meine Freiheit.«

In diesem Fall: ihre Religionsfreiheit.

Am Ende haben wir uns ohne Handschlag, aber mit einer ebenso schönen Geste voneinander verabschiedet: indem wir beide unsere rechte Hand links auf unser Herz gelegt haben.

Gemeinsam gegen rechts

Was mich zurzeit besonders beschäftigt, ist das Thema Rechtsextremismus und die Gespräche mit Zeitzeugen. Ich möchte Menschen treffen, die Nazi-Deutschland, den Zweiten Weltkrieg und den Holocaust hautnah miterlebt haben. Nur noch sehr wenige von ihnen sind am Leben. Wenn diese Generation stirbt, haben wir Jüngeren keine Chance mehr, ihnen unsere Fragen zu stellen. Dabei sind ihre Botschaften gegen Diktatur, Krieg und Völkermord heute so wichtig wie nie zuvor. Neulich habe ich

den 87-jährigen Walter getroffen. Er hat als kleiner Junge die Jahre des Kriegs in Süddeutschland erlebt. Viele im Dorf, auch sein Opa, waren überzeugte Hitler-Anhänger und NSDAP-Mitglieder. Walter erzählte mir, wie jüdische Mitbürger nach und nach verschwanden. Die Erwachsenen sprachen nicht darüber, auch wenn sie wussten oder ahnten, was geschah. Wer gegen Hitler war, hielt sowieso den Mund – aus Angst um das eigene Leben. Die Kinder wurden in der Schule mit Propaganda überschüttet: Dass die Juden schlecht seien, »das wurde uns ständig eingeimpft.« Walter erlebte später auch, wie Städte bombardiert wurden und die Menschen in Bunkern um ihr Leben fürchteten; eine Erfahrung, die viele Kinder auf der ganzen Welt auch heute noch machen müssen. Aber als der Krieg vorbei war, wollte plötzlich niemand mehr ein Nazi gewesen sein, auch Walters Opa sprach kein Wort mehr über seine Parteizugehörigkeit. Walter wünscht sich für die Gegenwart nur das: Dass wir Jüngeren dankbar sind für den Frieden und für die demokratische Freiheit, in der wir leben dürfen.

17

Zahlen bedeuten gar nichts

»Leeroy?«

»Leeroy!«

»OMG: LEEEEEROYYYYY!!!«

Eine Horde Teenager stürmt auf mich zu, umringt mich, streckt die Hände nach mir aus. Das Geschrei ist ohrenbetäubend, das Gedränge riesig. Mein Rollstuhl kippelt … Hilfe, was ist denn hier los?

Es ist 2017 und gerade mal ein Jahr her, dass ich das Basketballspielen aufgegeben habe. Ich habe einen harten Cut in meinem Leben gemacht. Jetzt bin ich ein 20-jähriger YouTuber, drehe vor allem Straßenumfragen, kommentiere Themen von Sport bis Politik und mache auf die Situation von Rollstuhlfahrern im städtischen Alltag aufmerksam. Eine kleine Community, vor allem Jugendliche, hat sich auf Social Media bereits um mich versammelt. Wir schreiben uns viel.

Vor ein paar Tagen habe ich die Nachricht einer Schülerin bekommen: Ob ich nicht mal in ihrem Viertel vorbeikommen wolle, um ihr ein Autogramm zu geben? Heute habe ich zufällig einen Dreh in unmittelbarer Nähe. Danach noch einen Abstecher zu ihrem Schulhof – warum nicht?

»Wo liegt deine Schule?«, schreibe ich ihr.

Sie antwortet sofort.

»In dreißig Minuten bin ich da«, tippe ich. Und mache einen Smiley dahinter.

Was dann auf diesem Bonner Schulhof 2017 passiert, ist für mich bis heute schwer zu verstehen.

Als das Mädchen realisiert, dass ich Wort gehalten habe und wirklich gekommen bin, stürmt sie los. Ihre gesamte Klasse schreiend und kreischend hinterher. Es folgt: der Rest der Schule. Unfassbarer Aufruhr. Alle scheinen auf mich gewartet zu haben. Ungefähr hundert Schülerinnen und Schüler umringen mich, strecken mir Zettel und Blöcke entgegen, damit ich darauf unterschreibe. Jeder versucht mit aller Kraft in die Nähe meines Rollstuhls zu kommen. Ältere schubsen Jüngere zur Seite. Lehrer, die eingreifen wollen, werden umgerissen. Jemand bricht sich im Tumult den Arm, wie ich später erfahren muss. Ich falle fast um.

Eine komplett surreale Szene.

Es dauert eine Weile, bis ich den Rückzug antreten kann und die Situation auf dem Schulhof sich wieder beruhigt. Noch Tage später bin ich fassungslos, auch ehrlich überfordert.

Dass mein Gesicht zunehmend bekannter wird, habe ich schon bemerkt. Manchmal sprechen mich Teenies auf der Straße an – »Hey, du bist doch Leeroy!« – und wollen ein Foto mit mir machen. Noch passiert das selten, und es ist mir immer eine Ehre. Denn ich weiß, was ich meinen Supportern der ersten Stunde zu verdanken habe. Wir kennen uns aus meinen zahlreichen abendlichen Livestreams, und sie waren es, die mich an ihre Freunde weiterempfohlen haben. Also, ja, klar, können wir gerne machen.

So in etwa hatte ich es mir auch dieses Mal vorgestellt. Nebeneinanderstellen, lächeln fürs Selfie, dann noch ein bisschen quatschen. Dass der Schulbesuch derart außer Kontrolle geraten könnte, daran habe ich nicht mal im Traum gedacht.

Kurz darauf bekomme ich einen förmlichen Brief der Schulleitung: Ich habe ab sofort Hausverbot und dürfe auf dem Gelände zukünftig keine »Fantreffen« mehr veranstalten. Fantreffen? Ich bin doch kein Star!

Was dieser Tag auf dem Schulhof mir zum ersten Mal in aller Deutlichkeit gezeigt hat: Auch wenn ich mich selbst nicht anders fühle als ich es als Schüler, als Abiturient, als Sportler getan habe – so nimmt mich ein Teil der Öffentlichkeit mittlerweile wohl anders wahr. Früher hat es niemanden interessiert, wenn ich die Straße entlang gefahren bin. Jetzt plötzlich rasten Jugendliche aus. Rufen, schreien, manche weinen sogar oder kriegen fast einen Nervenzusammenbruch. Und ich soll der Auslöser dafür sein? Das Gefühl, angehimmelt zu werden, ist mir ebenso fremd wie unangenehm.

Ich verstehe, wenn Menschen, die plötzlich mit solchen Reaktionen ihrer Umwelt konfrontiert werden, sich charakterlich verändern. Es macht etwas mit dir, wenn dir Massen zujubeln. In deinem Kopf dreht sich alles. Es ist leicht, abzuheben und größenwahnsinnig zu werden. Oder immerzu mit geschwellter Brust rumzulaufen.

Das Problem mit dem Berühmtsein und In-der-Öffentlichkeit-stehen ist aber nicht nur die eigene Eitelkeit, der ständig geschmeichelt wird. Auch das Umfeld verändert sich oft stark. Die alten Bekanntenkreise verschwinden. Neue Leute treten in dein Leben. Viele deiner bisherigen Freunde sind genervt von der öffentlichen Aufmerksamkeit, sie wollen Zeit mit dir verbringen, aber du bist ständig *busy* und wirst außerdem überall erkannt. Andere werden genau davon angelockt, sie finden es interessant, mit dir rumzuhängen und gesehen zu werden. Du bist plötzlich sehr unsicher, wer warum deine Nähe sucht. Oder wer sie aus welchen Gründen meidet. Du weißt nicht mehr, welche privaten Infos du wem gegenüber preisgeben solltest. Und du musst immer überlegen, in welcher Rolle du gerade bist: unterwegs als reine Privatperson oder als »Leeroy Matata«, den man von YouTube kennt?

Das ganze Thema Fame habe ich schon immer sehr nüchtern betrachtet: Was auch immer da passiert, es hat nur wenig mit mir persönlich zu tun. Wir Menschen sind einfach so gestrickt. Wir bauen gerne Podeste für andere und schauen zu ihnen auf. Früher wurde das mit Adeligen gemacht, mit Musikern oder Filmstars. Seit dem 21. Jahrhundert entsteht Berühmtheit eben auch über Social Media. Dass ich jetzt von manchen auf ein Podest gestellt werde, habe ich nie gewollt. Ich möchte mich über niemanden erheben – und ich möchte auch nicht erhoben werden. Deshalb betone ich es auch so oft: Bitte behandelt mich nicht anders als andere Menschen. Lasst uns alle auf Augenhöhe bleiben.

Das einzige, was mich oberflächlich unterscheidet, sind meine Abonnentenzahlen auf einigen Social-Media-

Kanälen. Das allerdings ist für viele die wichtigste neue Währung. Vor allem unter 20-Jährige finden Follower oft fast wichtiger als Geld. Ich bin mir sicher, dass eine Mehrzahl der Jugendlichen – wenn man sie vor die Wahl stellen würde – lieber eine Million Abonnenten auf Instagram hätte als eine Million Euro auf dem Konto.

Reichweite ist gesellschaftlich extrem wichtig geworden. Und auch persönlich: Oft hängt das gesamte Selbstwertgefühl davon ab. Das liegt daran, dass die Reichweite den sozialen Status beeinflusst. Das fängt schon im Kleinen an: Das hübsche Mädchen mit den beachtlichen 3500 Followern auf Instagram ist für den Rest der Klasse oder Schule schon fast unerreichbar. Sie ist quasi bereits eine Person des öffentlichen Lebens. Gleichaltrige Jungs mit »nur« 150 Followern trauen sich nicht mehr, sie anzusprechen. Die spielt einfach in einer anderen Liga, denken sie.

Es gibt online nämlich längst nicht mehr nur die Mega-Stars mit ihren Millionen-Gefolgschaften. Es gibt auch unzählige Mikro-Berühmtheiten mit vier- oder fünfstelligen Communitys. Teilweise können sie finanziell sogar vom »Influencen« leben. Aber was noch viel wichtiger ist: Auch sie werden auf der Straße erkannt, auch sie werden bewundert, auch ihnen wird nachgeeifert. Und die Plattformen befeuern das natürlich: Zum Beispiel, indem sie ab 10000 Abonnenten neue Funktionen freischalten – man wechselt quasi in den V. I. P.-Bereich. Der blaue Haken hinter einem Profilnamen auf Instagram, der für einen verifizierten Account steht, ist ebenfalls ein Ritterschlag, von dem viele träumen. Man kriegt ihn, sobald man als Person irgendeine öffentliche »Relevanz« nachweisen kann, beispielsweise, weil Medien über einen berichtet haben.

Ich beobachte das alles mit einer gewissen kritischen Distanz. Was mir echt Sorgen macht: Dass der Blick auf die Followerzahlen junge Menschen, vor allem Mädchen und Frauen, dazu bringt, sich selbst auf ihr Äußeres zu reduzieren. Oder anders gesagt: Jede(r) weiß, dass ultraschlanke Körper in freizügigen, sexy Posen mehr Likes kriegen als dunkle Rollkragenpullover. Dazu kommen die bewundernden Kommentare: »Wow, du bist soooooo hübsch!« Für die, die den Post veröffentlicht hat, kann das pures Dopamin sein. Aber: Nun muss sie auch nachlegen! Und was steht mir als jungem Mensch dafür in erster Linie zur Verfügung? Doch nur ich selbst. Also noch ein Bikini-Foto. Und dann eins vor dem Badezimmerspiegel. Eins vor dem Kleiderschrank, eins am Fenster, eins im Sonnenuntergang ... Und trotz Dauerlächeln kreisen immerzu selbstkritische Gedanken im Kopf: Ist meine Haut rein genug, meine Pose vorteilhaft und der Hintergrund imposant? Welchen Filter verwende ich, um möglichst makellos auszusehen?

Diese ständige Selbstinszenierung halte ich für die Persönlichkeitsentwicklung junger Menschen für unfassbar toxisch.

Manchmal würde ich gerne rufen: Bitte unterwerft euch nicht dem Algorithmus und dem Diktat der Followerzahlen! Das ist nur eine Maschine. Nichts davon ist real. Es gibt Menschen, die entsprechen keinem Schönheitsideal, aber wenn man sie kennenlernt, merkt man, was für eine tolle Ausstrahlung sie haben. Nach fünf Minuten Unterhaltung mit ihnen ist man geflasht – aber auf Insta würden sie vermutlich übersehen werden.

Denn auch das muss man sich klarmachen: Es gibt

nicht nur den Fame, es gibt auch die Negativspirale. Social Media ist oft sehr oberflächlich und belohnt nur bestimmte Inhalte. Aber was macht das mit denjenigen, für die sich online niemand interessiert? Im schlimmsten Fall lässt es ihr Selbstbewusstsein völlig zerbröseln.

Ihr denkt, ich stelle das alles viel zu pessimistisch dar?

Auf keinen Fall.

Jeden Tag kriege ich verzweifelte Nachrichten von Jugendlichen, manchmal sogar von Kindern. Jeden Tag! Sie flehen mich an, dass ich sie pushen soll. Dass ich ihre Posts teilen oder anderweitig Aufmerksamkeit auf ihr Profil lenken soll. Weil sie sich so einsam und abgehängt fühlen – und weil ihre einzige Hoffnung darin besteht, dass ihre Followerzahlen wie durch ein Wunder steigen und sie dann endlich von ihren Mitschülern oder ihrer Umgebung als coole, bedeutsame, »relevante« Personen wahrgenommen werden. In was für einer Welt leben wir?

Ist unser Verhalten vorhersehbar?

Schon seit Jahren interessiert sich die Wissenschaft dafür, was in unseren Köpfen passiert, wenn wir auf Social Media unterwegs sind. Was man weiß: Das Belohnungszentrum im Gehirn reagiert besonders heftig, wenn eins unserer eigenen Bilder oder Videos Zuspruch bekommt. Übrigens passiert das in der gleichen Region des Gehirns, die sonst bei Alkohol, Drogen oder Sex aktiviert wird. Auch bei Likes durchflutet uns diese warme Welle. Kein Wunder: Wir sind von Natur aus soziale Wesen und mögen das Ge-

fühl, innerhalb der eigenen Gruppe anerkannt zu sein. Interessanterweise reagiert unser Belohnungssystem auch, wenn wir die Fotos anderer Nutzer liken. Dabei steuern wir unbewusst am liebsten die Inhalte an, bei denen bereits massenhaft die Daumen nach oben gestreckt wurden. Weil wir Herdentiere sind? Jedenfalls weiß der Algorithmus das natürlich und verstärkt diesen Effekt mit seinen »Vorschlägen«. Denn die Plattformen verdienen ja umso mehr Geld, je länger wir uns dort täglich aufhalten.

Manchmal bin ich froh, dass meine Jugend so war, wie sie war – mit meiner Behinderung, mit meinen vielen Verletzungen und Krankenhausaufenthalten, aber auch mit meinem Leistungssport. Ich musste mich als Jugendlicher stark selbst reflektieren, das war einerseits hart, hat mich aber andererseits ziemlich immun gemacht gegenüber Wertungen von außen. Mehrere Jahre lang habe ich mit meinen Mannschaften regelmäßig vor Hunderten, teilweise sogar vor Tausenden Zuschauern gespielt. Jubel, Buhrufe, Applaus, Pfiffe, ich bekam das volle Programm ab. Das reicht für ein ganzes Leben.

Ich brauche es nicht für mein Selbstwertgefühl, dass fremde Leute mich toll finden. Und zum Anhimmeln bin ich absolut ungeeignet. Fragt meine Freunde, die können das bestätigen.

Zum Glück ist mir meine frühere Bubble weitgehend erhalten geblieben. Das erdet mich und tut mir gut. Manche von meinen alten Freunden interessieren sich kaum für meine Videos, einige sind überhaupt nicht auf Social Media unterwegs. Einer meiner besten Freunde studiert mittlerweile Medizin und geht einen ganz anderen Weg als ich. Das größte Kompliment, das mir mein nächstes Umfeld machen kann, lautet: »Wir haben uns eine Weile lang Sorgen gemacht, dass du aufgrund des Rummels abheben könntest. Aber du bist komplett der Alte geblieben.« Das sind Sätze, die ich wirklich gerne höre.

Und wenn fremde Leute meinetwegen kreischen, dann hole ich kurz Luft und ordne es für mich ein: Ja, diese Menschen finden toll, was du machst oder wofür du stehst. Das ist krass, ein riesen Kompliment. Aber das heißt trotzdem nicht, dass du ein unfassbarer Supertyp mit unfassbaren Supertalenten bist. Bist du nicht, Leeroy. Du bist ein Mensch wie jeder andere auch.

18

Zusammenhalt entsteht nicht durch Trennung

An meiner Gesamtschule, die übrigens 2013 einen Schulpreis gewann, galt die Devise: Die Klassen wurden so heterogen zusammengestellt wie irgendwie möglich. Das war der Schulleitung und den Lehrern extrem wichtig. Es gab Kinder mit Lernbehinderungen, Kinder mit körperlichen Handicaps, Kinder mit Migrationshintergrund, Kinder aus ärmeren, bildungsfernen Familien, aber es gab auch die Kinder aus dem Villenviertel oder die hochbegabten Überflieger. Alle wurden mit allen zusammengewürfelt. Pädagogisch ist dieser Ansatz ziemlich anspruchsvoll, denn viele von uns mussten – ich erwähnte es bereits – speziell gefördert werden. Und keiner sollte dabei übersehen oder vergessen werden. Diese Kunst beherrschte meine Schule ganz gut.

Wichtig war auch, dass niemand schon in der Unterstufe zu spüren bekam: Du – auf jeden Fall Abitur, du – maximal mittlerer Schulabschluss. Man guckte erst mal in Ruhe, wie sich die Kinder ab der fünften Klasse so entwickelten. Es gab zwar ein Standardtempo für den Lernstoff, aber wer mehr Zeit brauchte, bekam sie. Erst in der neunten und zehnten Klasse differenzierte sich der Unterricht in einigen Fächern aus. In extra Lerngruppen konnten sich manche Kinder nach ihrem eigenen Tempo den Stoff aneignen. Es schockiert mich bis heute, dass einige meiner Schulfreunde ursprünglich nur mit einer Hauptschulempfehlung an unsere Schule kamen – und dann dort doch ein gutes Abi gemacht haben. Warum hatte in der Grundschule niemand ihr Potenzial gesehen? Und was, wenn sie nicht auf einer Gesamtschule mit Oberstufe gelandet wären, auf der sie bestmöglich gefördert wurden?

Unser Bildungssystem kann dir enorm helfen und unter die Arme greifen.

Unser Bildungssystem kann dich aber auch früh abstempeln und in eine Schublade stecken, aus der du nicht mehr rauskommst.

Wenn du Ersteres erlebst, hast du Glück.

Wenn du Letzteres erlebst, bist du faktisch chancenlos.

Das während meiner Schulzeit zu erkennen und zu verstehen, hat mein Weltbild geprägt. Meine Schule ist für mich dabei ein Vorbild im Kleinen – so sollten wir eigentlich überall zusammenleben und -arbeiten.

Im Alltag war das für uns Schulkinder jedenfalls völlig normal: Wer wie ich zu denen gehörte, die schnell lernten, half denen, die länger brauchten, um etwas zu verstehen.

Manche hatten Lern- oder Konzentrationsschwierigkeiten, anderen fehlte die Unterstützung aus dem Elternhaus. Indem ich meinen Klassenkameraden möglichst verständlich den Stoff erklärte, wiederholte und festigte ich ebenfalls mein Wissen – win-win! Systematisch wurden wir vonseiten der Schule auf diese Verhaltensweise getrimmt: Unterstützt euch gegenseitig! So zogen die Stärkeren die Schwächeren mit. Die Abiturergebnisse unseres Jahrgangs waren überragend, obwohl uns die Noten von den Lehrern echt nicht hinterhergeworfen wurden. Trotzdem schafften etliche einen Durchschnitt von 1,0 und sicherten sich damit ihre Wunschstudienplätze.

Das gemeinsame Lernen war nicht nur auf den Schulstoff beschränkt. Wir lernten auch sozial voneinander. Jeder meiner Klassenkameraden saß mal in meinem Rollstuhl – und alle wussten sehr genau, wie es ist, mit einem Rollstuhlfahrer unterwegs zu sein. Wir verstanden früh, dass jede und jeder von uns anders ist. Einer vielleicht extrem klug, dafür aber im zwischenmenschlichen Umgang eher scheu. Eine andere lustig und umgänglich, dafür aber mit Problemen bei der Konzentration.

Es gab vieles, was uns auf den ersten Blick trennte. Unsere Elternhäuser, unsere kulturellen Hintergründe, unsere Talente oder unsere Einschränkungen. Und es gab auch pubertäre Reibereien, das habe ich ja schon erzählt. Aber es gab nichts, was uns komplett spaltete. Und das Wichtigste war: Wir kannten uns – und wir konnten miteinander reden.

Leider ist unsere Schule gesamtgesellschaftlich gesehen eher eine Ausnahme. Die soziale Realität sieht anders aus. Die verschiedenen Schichten driften immer stärker auseinander. Man wohnt nicht in denselben Stadtteilen, man schickt seine Kinder auf unterschiedliche Schulen, man hat im Alltag fast nichts miteinander zu tun. Für unseren Zusammenhalt als Gesellschaft ist das Gift.

Ich bin überzeugt: Wir *müssen* miteinander in Kontakt bleiben, auch wenn unsere Lebensstile sich unterscheiden. Wem nützt es, wenn Elitegymnasien die klügsten Abiturienten ausspucken, die dann an den Top-Unis mit ihresgleichen jahrelang Medizin, Jura oder BWL studieren – und im Berufsalltag plötzlich erstaunt feststellen, dass sie mit Menschen mit anderer Schulbildung oder sich unterscheidenden Wertevorstellungen überhaupt nicht umgehen können? Was nützt es, ein fachlich hervorragender Arzt zu sein, aber sich nicht in unterschiedliche Patienten hineinversetzen zu können? Oder als junge Managerin schnell in die Chefetage aufzusteigen – aber privat niemanden von den Leuten näher zu kennen, die in den Werkhallen am Fließband stehen?

Soziale Abschottung führt zu sozialer Inkompetenz. Menschen aus der gehobenen Mittelschicht haben vielleicht die höchsten Bildungsabschlüsse und die einflussreichsten Jobs, aber können sich nicht mal im Ansatz vorstellen, wie der afghanischstämmige Paketbote oder die rumänischen Reinigungskräfte leben, deren Dienste sie in Anspruch nehmen. Und das Unverständnis existiert in alle Richtungen. Von unten nach oben und von oben nach unten.

Was die Lösung sein könnte?

Gemischte Schulen – auf jeden Fall.

Aber auch – gemischte Stadtviertel.

Ich habe mich in den letzten Jahren, aus rein privatem

Interesse, immer mal wieder mit dem Thema Stadtplanung auseinandergesetzt. Es hat mich schon als Jugendlicher beschäftigt, warum die Stadtteile, aus denen meine Freunde kommen, so komplett unterschiedlich sind. Da gibt es beispielsweise Bonn-Ippendorf, eine sehr schöne Gegend mit hübschen Einfamilienhäusern, ruhigen Straßen, wenig Kriminalität. Und dann gibt es Bonn-Tannenbusch, ziemlich arm, ziemlich rau, hoher Migrationsanteil und leider auch recht hohe Kriminalitätsrate. Ich kenne beide Stadtteile gut. Jahrelang habe ich in einer Turnhalle in Tannenbusch trainiert. Außerdem lebten zwei meiner Freunde dort. Andere Klassenkameraden kamen aus Ippendorf, auch da war ich oft zu Besuch.

Zwischen Ippendorf und Tannenbusch liegen nur wenige Kilometer. Eine Buslinie verbindet die Stadtteile. Das war es aber auch schon mit den Gemeinsamkeiten. Ippendorf ist eine typische Gymnasiasten-Gegend. Die Stadt Bonn müsste für die dortigen Bewohner vermutlich gar keine anderen Schultypen einplanen, der Bedarf an Haupt-, Real- oder Gesamtschulen ist faktisch kaum vorhanden. Was ich mich frage: Müssen solche Viertel so homogen sein? Könnte man nicht politisch gegensteuern? Etwa durch sozialen Wohnungsbau und günstige Mietwohnungen in Ippendorf? Das wäre für manche Ippendorfer sicher erst mal gewöhnungsbedürftig, aber es würde sicher die Durchmischung der Kindergärten und Grundschulen nach sich ziehen.

Politisch wären solche stadtplanerischen Eingriffe bestimmt erst mal unpopulär. Ich bin trotzdem dafür – weil es für mich keine Alternative gibt.

Das gilt auch für Tannenbusch. In meiner Jugendzeit

dominierten Dönerläden, Handyshops und Nagelstudios das Straßenbild. Die Atmosphäre war generell eher deprimierend: Wer hier wohnte, spürte, dass er zum abgehängten Teil der Gesellschaft gehörte. Schon damals fand ich, dass dem Viertel ein bisschen Aufwertung guttäte – Häuser- und Schulsanierungen, Investitionen in die Infrastruktur. Das würde sicher mittelfristig auch neue Bewohner und Unternehmen anlocken.

Ippendorfs und Tannenbuschs gibt es deutschlandweit in vielen Städten – man lebt nebeneinander und gegeneinander. Nachbarschaften kennen sich nicht, haben aber eine schlechte Meinung vom jeweils anderen. Das ist super traurig, finde ich. Und es birgt auch große Gefahr.

Was uns fremd ist, macht uns Angst. Wo es keine täglichen Begegnungen gibt – ob beim Einkaufen, beim Schulfest oder im Wartezimmer beim Arzt –, da wachsen Vorurteile und Feindbilder. In Sachsen hat man das bei den PEGIDA-Demonstrationen gesehen. Da wurde ständig von der »Islamisierung des Abendlandes« geschwafelt, dabei kannten die meisten Demonstranten nicht einen einzigen Moslem persönlich – weil es in vielen ostdeutschen Städten kaum Menschen mit türkischen oder arabischen Wurzeln gibt. Den aggressiven Ressentiments hat das keinen Abbruch getan, im Gegenteil.

Mein Diversity-Programm

Social Media kann den eigenen Horizont definitiv erweitern – wenn man dazu bereit ist. Denn dort sind Begegnungen mit Menschen möglich, die man an seiner Schule, in seinem Beruf oder in seiner Nachbarschaft vielleicht nie treffen würde. Ich bin von Natur aus neugierig auf alles und jeden und habe deshalb schon Menschen aller Einkommens- und Berufsgruppen vor meine Kamera geholt. Auch weil ich der Meinung bin, dass sich – egal wie trennend die Ausgangssituation ist – im Gespräch immer das menschlich Verbindende entdecken lässt. Und wenn ich jetzt auf die unzähligen Videokacheln auf meinem Kanal gucke, bin ich stolz, dass da der Millionär neben dem Ex-Knasti zu sehen ist, der Fußballtrainer neben dem Polizisten, der Marinesoldat neben dem TV-Moderator, die Altenpflegerin neben der Influencerin. Das alles sind wir, das alles ist Deutschland.

Man könnte mir jetzt widersprechen und sagen, lass die Welten doch so getrennt, wie sie sind. Soll doch jeder in seiner Bubble bleiben, in der er sich wohlfühlt. Zwing doch nicht künstlich zusammen, was gar nicht zusammen sein will. Ich verstehe das Argument, aber ich muss trotzdem widersprechen. Wenn die Ippendorfer und die Tannenbuscher sich nie näher kennenlernen und fast nichts voneinander wissen, wird auch keiner von ihnen Respekt für den jeweils anderen aufbringen.

Soziales Gefälle und unterschiedliche finanzielle Möglichkeiten gibt es schon seit Jahrhunderten, klar. Und wahrscheinlich wird sich das im Rahmen unserer aktuellen Gesellschaftsform auch nicht grundlegend ändern lassen. Was uns aber Sorgen machen sollte, ist die gegenseitige Abneigung, die sich schnell bis zur Verachtung steigern kann. Wie denken wir über die, die deutlich mehr oder deutlich weniger Geld oder Bildung haben als wir selbst? Wie abfällig sprechen wir im Alltag über andere soziale Schichten – oft so selbstverständlich, dass wir es selbst kaum noch merken?

Wenn ich in Deutschland politisch etwas zu sagen hätte, wären soziale Annäherung und Bildungsgerechtigkeit auf jeden Fall meine ersten und wichtigsten Themen. Ich würde an den Startchancen für jeden einzelnen arbeiten. Aus meiner Sicht ist es derzeit unser größtes gesellschaftliches Manko, dass Kinder je nach Herkunft nicht die gleichen Möglichkeiten haben. Es macht nämlich einen großen Unterschied für dein weiteres Leben, ob du in Tannenbusch oder in Ippendorf zur Welt kommst. Und wenn du in einer Familie mit Migrationshintergrund aufwächst, hast du statistisch gesehen eine noch viel geringere Chance, später mal zu studieren.

Hier ist der Staat in der Pflicht, finde ich. Er muss es schaffen, das Geld so zu verteilen, dass beispielsweise in den ärmeren Vierteln bestens ausgestattete Schulen stehen. Er muss soziale Unterschiede und Benachteiligungen auszugleichen versuchen – und sich systematisch für Begegnungen zwischen den Schichten einsetzen. Die Förderprogramme dürfen nicht erst beim Bafög ansetzen, das muss schon im Kindergarten losgehen! Wir können soziale Spaltung abmildern – wenn wir jedem, der in diesem Land aufwächst, das Gefühl geben, dass er in dieser

Gesellschaft willkommen ist und dass er bestmöglich vom Bildungssystem auf seinem individuellen Weg unterstützt wird.

Also das separierende Schulsystem umwerfen?

Gemeinsames Lernen mindestens bis zur 10. Klasse – und zwar stadtteilübergreifend?

Ich bin dafür.

19

Alles ist endlich, das macht es so schön

Ich habe Hermann im Hospiz besucht. Hermann war früher Allgemeinarzt und hat viele Jahre in einer Ambulanz für Drogenabhängige gearbeitet. Im Hospiz ist er aber nicht als Mediziner, sondern als Patient. Krebs im Endstadium.

Hermann wird bald sterben.

Trotzdem hat er zugestimmt, dass ich ihn interviewen darf. Es ist das erste Mal, dass ich ein Hospiz betrete und an einem Sterbebett sitze. Die Atmosphäre ist sehr besonders, ruhig und friedlich, aber es liegt auch der Geruch von Krankheit und Tod in der Luft.

Hermann liegt auf seinem Kissen, er ist sichtbar schwach, aber bei vollem Bewusstsein. Und sehr gesprächig. Wir kennen uns noch gar nicht, daher tasten wir uns erstmal langsam aneinander ran. Wer ist er, was hat er früher gemacht? Hermann erzählt, wie er mit Anfang 60 seine Diagnose bekam. Leberkrebs. Zunächst hoffte er noch, dass der Tumor mit Medikamenten geschrumpft und dann operiert werden könne. Doch schnell wurde klar, dass der Krebs schon in die Knochen gestreut hat. Er hatte mehrere Metastasen, am Schlüsselbein, am Rückgrat.

»Das war der Moment, wo mir klar wurde, ich schaffe das nicht«, sagt Hermann mit klarer Stimme. »Der Krebs hat mich im Griff.«

Ich sitze nur da und höre stumm zu. Hermann spricht ruhig und konzentriert weiter. Darüber, wie er zuerst in ein bodenloses Loch gefallen sei, wie die Endgültigkeit der Diagnose ihm den Boden unter den Füßen weggezogen habe. Anfang 60 – das ist ja noch ziemlich jung, da steht man voll im Arbeitsleben und hat auch privat noch viele Pläne. Hermann liebte es, mit seinem ersten Enkel zu spielen. All das ging nun nicht mehr.

Mir fällt auf, wie liebevoll Hermann über seine vier erwachsenen Kinder spricht. Sie hätten ihn die ganze Zeit begleitet und gestützt. »Sie haben mir die Kraft gegeben, dass ich nicht in Verzweiflung versinke.« Die Geburt seines ersten Sohnes bezeichnet er als den wichtigsten Moment seines Lebens. Vater sein zu dürfen, das sei »ein erhebendes Gefühl«. Ich merke bei jedem seiner Sätze, wie stark das familiäre Band im Hintergrund ist und wie sehr es ihn durch diese schwere Zeit trägt. Hermann spricht es zwar nicht direkt aus, was am Ende wirklich wichtig ist im Leben – aber jedem, der ihm zuhört, ist es sofort klar.

Es sind die geliebten Menschen um uns herum. Unsere Familien.

Mit den Kindern von Hermann hatten mein Team und ich vor dem Besuch im Hospiz natürlich gesprochen, über sie kam auch der Kontakt zu ihrem Vater zustande. Wir hatten darüber geredet, was ein Interview mit einem Sterbenden bedeutet: »Wir filmen und zeigen euren Vater in einer sehr privaten Situation, als schwerkranken Mann – ist euch das wirklich recht?« Der Krebs hatte sich mittlerweile auch auf Hermanns Schädelknochen ausgeweitet, daher mussten große Teile seiner Stirn entfernt werden. Damit das Gehirn nicht frei lag, war der offene Schädel operativ mit einem Hautlappen abgedeckt worden, ein recht ungewohnter Anblick. Im Video war das deutlich zu sehen.

Seine Kinder stimmten trotzdem uneingeschränkt zu, sie fanden es genauso wichtig wie wir, dass Hermann darüber spricht, wie es sich anfühlt, sterbenskrank zu sein und zu wissen, dass der Tod naht. Viele Menschen haben Angst vor Krebs, vor körperlichen Schmerzen und vor dem Tod. Und jeder hat vermutlich schon mal den Gedanken durchgespielt: Wie wäre es, solch eine niederschmetternde Diagnose zu bekommen? Wie fühlt es sich an, nur noch wenig Zeit übrig zu haben? Was würde ich tun? Wie würde ich damit umgehen?

Hermann war bereit, diese Fragen in aller Offenheit zu beantworten und mit mir über seine Gefühle in den letzten Monaten seines Lebens zu sprechen. Mich interessierte dabei auch seine Perspektive als Arzt. Hatte er dadurch vielleicht einen noch schärferen, desillusionierten Blick auf seine Krankheit?

An falsche Hoffnungen auf Heilung klammere er sich jedenfalls nicht, erklärte er mir. »Das würde mich innerlich auffressen, wenn ich immer noch denken würde, es wird wieder gut werden. Es wird nicht mehr gut.« Trotz einiger Operationen, bei denen seine Wirbelsäule stabilisiert und der Stirntumor entfernt wurde, merke er, wie er stetig schwächer werde.

Mir brannte eine Frage unter den Nägeln: »Wie fühlt sich Krebs eigentlich an?«

Er habe monatelang wegen der Knochen- und Muskelschmerzen nicht schlafen können, erzählte Hermann. Das sei sehr schlimm gewesen. Besser wurde es erst wieder, nachdem er Morphium bekommen habe. »Das war ein Segen für mich!« Als er zu schwach wurde, um zu Hause in seiner Wohnung zu leben, zog Hermann in ein Hospiz um. Er wolle noch nicht sterben.

»Ich möchte noch ein bisschen leben.«

Ob er denn noch Sachen auf seiner Liste habe, fragte ich, Unerledigtes, oder Orte, die er noch hätte besuchen wollen – es aber jetzt nicht mehr könne?

Hermann lächelte. »Eigentlich nicht.«

Er habe sein Leben immer ausgekostet, sei viel gereist und in unzähligen Ländern unterwegs gewesen. »Ich hatte einen unbändigen Freiheitsdrang.«

Verpasst habe er nichts, resümierte Hermann. Und zum Glück nie etwas auf später verschoben. »Und das kann ich nur jedem jungen Menschen raten: Dass ihr euer Leben in die Hand nehmt und den Mut habt, ungewöhnliche Dinge zu tun.«

Ich nickte. Besser hätte ich es selbst nicht formulieren können.

»Begreift, dass jedes Leben endlich ist«, appellierte Hermann eindringlich in Richtung Kamera. »Begreift, dass das Leben ein riesengroßes Geschenk ist! Und es kann so spannend sein, das Leben. Habt Respekt vor jedem Leben und vor allen Menschen. Weil das Leben so unglaublich vielfältig ist. Es ist so wichtig, zu anderen Menschen respektvoll zu sein. Das ist das wichtigste, was man im Leben machen kann.«

Als das Interview zu Ende war, blieb ich noch eine Weile an Hermanns Bett sitzen. Den Rest des Teams hatte ich rausgeschickt. Ich wollte eine letzte, diesmal noch privatere Frage stellen – aber ohne Zeugen. Ich lächelte Hermann an:

»Okay, Hermann, Hand aufs Herz, was wünschst du dir, was brauchst du, was darf ich für dich besorgen?«

Er hatte mir mit unserer Begegnung eine so große Freude gemacht, jetzt wollte ich ihm auch unbedingt noch eine kleine Freude machen. Vielleicht hatte er ja Lust auf etwas, das er im Hospizalltag nicht bekam …

»Ganz im Ernst?«, fragte Hermann.

»Klar«, erwiderte ich. »Ich besorg dir alles, was du willst.«

»Okay, dann wünsche ich mir ein paar Schachteln Gauloises.«

Er genieße es nämlich, auf seiner Terrasse vor seinem Hospizzimmer zu sitzen und ab und zu eine zu rauchen.

Ein ziemlich einfacher Wunsch, fand ich.

Die technische Bearbeitung des Interviews war diesmal eine emotionale Herausforderung für mein Team. Viele hatten Krebserkrankungen in der eigenen Familie erlebt. Aber so nah war bisher kaum jemand einem Sterbenden gekommen. Hermanns schonungslose Offenheit berührte uns tief. Trotzdem zweifelten wir auch: Würde das Publikum mitgehen, unsere Motivation hinter dem Hospizbesuch verstehen? Und würden sich die Menschen da draußen die Zeit nehmen, Hermanns Botschaft an die Welt zuzuhören?

Ein paar Wochen später klopfte ich wieder an Hermanns Zimmertür. Natürlich mit der versprochenen Stange Gauloises in der Hand. Es war mit seinem Gesundheitszustand in den letzten Tagen immer wieder rauf- und runtergegangen, zwischendurch sah es auch schon aus, als ob das Ende nahte. Aber am Tag meines zweiten Besuchs war Hermann wieder in erstaunlich guter Verfassung.

Seine Augen strahlten, als er mich sah. Ich fragte, ob ihm das Video gefallen habe.

»Ja, klar!«

»Und hast du mitgekriegt, dass Millionen Menschen es sich schon angesehen haben?«

»Wirklich?«

»Hermann, du bist jetzt berühmt!«

Hermann schüttelte ungläubig den Kopf, wir mussten beide lachen.

»Mensch, Leeroy, das hätte ich nie gedacht!«

Es bedeute ihm sehr viel, dass er seine Gedanken mit der Öffentlichkeit teilen konnte, sagte er mir. Und dass er offenbar viele junge Menschen hatte erreichen können.

Über die mitgebrachten Zigaretten freute sich Hermann ebenfalls. Trotzdem war uns beiden vollkommen klar, dass es bei meinem zweiten Besuch nicht um die versprochenen Gauloises ging. Das Geschenk war rein symbolischer Natur. Hermann hätte sich jederzeit selbst

Zigaretten besorgen können. Außerdem lesen die Pflegekräfte und Ärzte im Hospiz den Sterbenden wirklich jeden Wunsch von den Augen ab.

Wir waren einfach glücklich, uns noch mal sehen zu können, ganz privat, von Mensch zu Mensch. Ich hatte vor unserem Interview eine riesen Ehrfurcht vor dem Thema Tod – würde ich den richtigen Ton treffen? Die richtigen Fragen stellen? Alle meine Bedenken waren nun komplett verflogen. Dank Hermann und seiner unvergleichlichen, lebensbejahenden Art.

Ich blieb sicher eine halbe Stunde lang an Hermanns Bett sitzen. Bis ich merkte, dass seine Kräfte nachließen. Die Mitarbeiter im Hospiz hatten mir vorher erklärt, dass man auf solche Signale achten soll. Denn die Kranken sind oft zu höflich, um einen zu bitten, jetzt zu gehen.

Auch bei diesem zweiten Treffen lag keinerlei Weltschmerz in der Luft. Es war nicht mal so, dass wir besonders traurig waren. Im Gegenteil, unser Gespräch verlief stellenweise fast flapsig. Wir hatten, wie schon beim ersten Mal, direkt einen gemeinsamen *Vibe*. Obwohl wir aus völlig unterschiedlichen Generationen kamen, verband uns ein ähnlicher Humor. Es war wieder eine wunderbare Begegnung. Eine, die ich bis an mein Lebensende nicht vergessen werde.

20

Auf eigenen Beinen stehen?

Dass die Knochen mal anbrechen – das ging bei mir immer schnell. Zum Glück ist es mit den Jahren seltener geworden. Auch diese sehr schmerzhaften Daumenbrüche, die ich mir oft an den Bremsen des Rollstuhls zuzog, plagen mich mittlerweile nicht mehr. Früher kamen Fingerbrüche ständig vor, auch beim Basketballspielen, und ich hatte eine gewisse Routine entwickelt, wie ich damit umging. Ich vermied zum Beispiel Krankenhausbesuche, soweit es irgendwie möglich war. (Aus einem einfachen Grund: Wenn ich keinen Arzt konsultierte, konnte mir auch niemand sagen, was ich in den nächsten Wochen alles *nicht* machen durfte.) Stattdessen kramte ich in den Dutzenden Schienen, die ich von früheren Brüchen noch in meinen Schubladen rumliegen hatte. Und dann legte ich mir halt selbst das passende Ding an. Wenn man weiß, was zu tun ist, geht es ganz einfach.

Trotzdem soll das hier keine Aufforderung zur Selbstdiagnose und -therapierung sein! ;-)

Ich kenne jedenfalls das Gefühl in meinen Gelenken bei komplizierten Brüchen oder unkompliziert angebrochenen Knochen ganz gut: Pikst da was, ist da was abgesplittert – oder lässt sich der Arm, die Hand, der Finger frei bewegen? Ein Knochenbruch wird nur operiert, wenn er Probleme machen könnte, ansonsten legt man die Bruchstelle im Krankenhaus einfach still. Indem ich das selbst erledigte, ersparte ich mir das Warten in der Notaufnahme und die belastende Röntgenstrahlung.

Ich habe es schon erzählt: Die juvenile Osteoporose ist bis heute kaum erforscht. Zum Glück schwächte sich die Krankheit in meinem Fall während der Pubertät ab. Durch den Sport und das jahrelange intensive Training habe ich zusätzliche positive Effekte erzielen können. Mein Oberkörper wuchs ganz gut, ich bekam durch das Basketballspielen ein breites Kreuz und kräftige Ober- und Unterarme. Sogar meine Beine sind in den letzten Jahren belastbarer geworden.

Seitdem werde ich oft gefragt, ob es eines Tages soweit ist:

»Wirst du aus dem Rollstuhl aufstehen?«

»Wirst du wieder laufen können?«

Ehrliche Antwort: Ich weiß es nicht. Und es gibt auch keinen Arzt, der mir das beantworten kann. Aber ich habe mir vorgenommen, an dieser Chance zumindest zu arbeiten. Seit zwei Jahren steht mir dabei ein Coach zur Seite. Er weiß genau, welche Muskelgruppen in den Beinen und in der Hüfte ich mit welchen Übungen aufbauen muss. Er sieht, wie es um meine Kraft und meine Stabilität bestellt ist. Vor allem am Bewegungsablauf des Gehens hapert es noch ziemlich: rechtes Bein leicht anwinkeln und heben, Knie knicken und wieder durchstrecken, Fuß hoch, dann aufsetzen, abrollen … und dann das Ganze mit links. Ziemlich komplex! Ich habe ja überhaupt keine Übung mit dem Gehen, ich sitze seit mehr als 20 Jahren im Rollstuhl, da erinnert sich das Gehirn nicht mehr sonderlich gut daran, wie das genau funktioniert.

Eigentlich müsste ich das Trainingsprogramm, das mir mein Coach zusammengestellt hat, täglich durchziehen. Ich gestehe offen: Das schaffe ich nicht immer. Ich scheue nicht vor körperlicher Anstrengung zurück – aber auch bei mir ist manchmal einfach die Luft raus. Ich hab keinen Bock. An manchen Tagen spiele ich lieber mit Freunden ein bisschen Basketball, anstatt alleine meine Beinübungen zu machen. An anderen Tagen ist tagsüber beruflich zu viel zu tun und abends bin ich zu müde. Realistischerweise schaffe ich es, drei bis vier Trainingseinheiten pro Woche in meinen Alltag zu integrieren.

Ich treibe das Laufenlernen ja auch in erster Linie aus gesundheitlichen Gründen voran. Denn das ständige Sitzen ist Gift für den Körper, da sind sich alle Ärzte einig. Es schadet auf Dauer meiner Wirbelsäule. Und natürlich gibt es immer wieder Situationen, da wäre mein Leben organisatorisch viel leichter, wenn ich selbständig ein paar Schritte gehen könnte.

Ich würde gerne meine Beine noch ein bisschen mehr belasten können. Und daran arbeite ich. Aber es ist keineswegs so, dass Laufen mein allerallerwichtigstes Ziel im Leben ist. Ich habe ja überhaupt kein Problem mit meinem Rollstuhl. Und wenn mich jemand nach meinen drei größten Wünschen fragen würde, dann wäre »Laufenlernen« sicher keine meiner Antworten.

Wenn ich morgen aufwache und meine Beine funktionieren wieder – gut, danke, freue ich mich. Aber definitiv ist das Laufen weder mein erster Gedanke beim Aufwachen und schon gar nicht mein letzter vor dem Einschlafen. Ich habe mir ein Leben als Rollstuhlfahrer aufgebaut. Ein zufriedenes, ein glückliches Leben. Ich komme von A nach B, ich kann (fast) alle Orte erreichen, die ich erreichen will. Okay, Urlaub in der Wüste und im Urwald könnten nervig sein. (Nervig, aber nicht unmöglich.) Damit kann ich leben. Aber ansonsten fühle ich mich in meiner freien Entfaltung nicht eingeschränkt. Ich habe meinen Traumberuf gefunden, ich war jahrelang Leistungssportler, ich reise, ich treffe Freunde, ich habe eine unglaublich tolle Freundin an meiner Seite.

Ich vermisse nichts.

Deshalb sehe ich die Sache mit dem Laufenlernen auch recht entspannt. Das Training der Beinmuskulatur hat in den letzten Jahren auf jeden Fall Wirkung gezeigt, eine Zeitlang habe ich eine sehr gute Entwicklung beobachten können. Stetig haben sich meine Kraft und meine Beweglichkeit verbessert. Das gab mir die Motivation, um dranzubleiben. Ich kenne das Gefühl noch vom Basketball: Dein Körper setzt dir Grenzen, aber mit viel Einsatz und Anstrengung kannst du die teilweise überwinden und Erfolge erzielen, an die kaum jemand geglaubt hat.

Aber – auch das gehört zur Wahrheit – dieser Prozess verläuft oft nicht geradlinig und ist auch nicht restlos planbar. In den letzten Jahren konnten meine Beine mich teilweise schon recht gut tragen. Aber dann, Zack, ohne

Vorwarnung, gab es wieder einen herben Rückschlag, einen erneuten Knochenbruch. Die Folgen musste ich erst wieder durch monatelanges Aufbautraining überwinden.

Im Moment geht es mir körperlich so gut wie noch nie zuvor. Über zwei Jahren habe ich mir nichts mehr gebrochen! Eine so lange Phase der Stabilität gab es seit meiner frühen Kindheit nicht mehr. Ich fühle mich sehr ausgeglichen und merke, dass die Beine einiges mitmachen. Wenn auf dem Tisch ein Glas steht, an das ich im Sitzen nicht heranreiche, dann stehe ich kurz auf. Darüber muss ich mittlerweile gar nicht mehr groß nachdenken. Früher wäre das nicht ohne Festhalten und Abstützen gegangen.

Doch wo mich das in Zukunft hinführt, weiß ich nicht. Ich bin auch mit dem Status quo schon ziemlich zufrieden.

Für ein noch intensiveres Training ist mir derzeit außerdem der Preis zu hoch. Denn wenn Laufen mein absoluter Lebenstraum wäre, müsste ich morgen meinen Job aufgeben und mich nur noch diesem Ziel widmen. Kein YouTube, keine Interviews, keine Begegnungen vor und hinter der Kamera – sondern monate- oder sogar jahrelang nur noch auf die Reha konzentrieren. Übungen von morgens bis abends. Am Ende könnte ich vielleicht tatsächlich an Krücken laufen und meinen Rollstuhl stehen lassen.

Ihr kennt mich jetzt schon ein bisschen: Wenn das wirklich meine Vision wäre, würde ich es durchziehen. Keine Frage.

Aber meine Prioritäten sind derzeit definitiv andere. Ich liebe das, was ich beruflich mache – und es ist mir viel zu wichtig, um es wegen meiner Beine aufzugeben.

Sportlich aktiv bleiben will und muss ich aber auf jeden Fall. Schon aus prophylaktischen Gründen. Denn was langfristig mit meiner Knochenstruktur passiert, kann niemand vorhersagen. Vielleicht härten die Knochen irgendwann doch noch komplett aus. Das wäre großartig. Vielleicht lösen sie sich aber, je älter ich werde, auch wieder zunehmend auf. Ich weiß es nicht. Das einzige, was ich tun kann, ist fit zu bleiben und mich viel zu bewegen.

Mit langfristigen Lebensplänen ist es sowieso so eine Sache. Als Teenager hatte ich die gleichen stereotypen Vorstellungen wie die meisten: Ich werde mal Karriere machen, viel Kohle verdienen, eine Frau finden, heiraten, Kinder kriegen, ein Haus kaufen. Eine wichtige Erkenntnis aus meinen vielen hundert Gesprächen in den letzten Jahren: So funktioniert das nicht. Menschen erleben Dinge, mit denen sie nie gerechnet hatten. Das Leben wird erschüttert von Schicksalsschlägen, von Krankheiten, von ungeplanten Erlebnissen. Manchmal kommt alles anders, als man denkt.

Das heißt nicht, dass man sich nichts vornehmen sollte. Ich bin ein großer Fan von klaren Strukturen und von Zielen, auf die man hart hinarbeitet. Aber ich merke auch, wie sich in meinem Kopf etwas verschoben hat in den letzten Jahren. Das hat sicher mit den vielfältigen Lebensläufen zu tun, die ich kennenlernen durfte. Ich starre jetzt nicht mehr nur auf ein zukünftiges Ziel. Sondern ich genieße den Weg dorthin, ich lebe mehr im Moment.

Und dieser Moment sollte so intensiv und erfüllend wie möglich sein.

Ich würde nie jahrelang einen Job machen, der mir nichts mehr gibt – und an dem ich nur festhalte, weil ich bis zur Rente gutes Geld verdienen kann. 40 Jahre zähneknirschend schuften und dann mit 65 ab zum Ballermann nach Mallorca? Oder endlich auf Weltreise? Das ist überhaupt nicht mein Ansatz. Ich will hier und heute etwas erleben, etwas schaffen und bewirken. Und abends zufrieden auf die Couch sinken, puh, anstrengender Tag, aber auch aufregend und toll.

Planungen, die über die nächsten zwei, drei Jahre hinausgehen, machen für mich generell keinen Sinn. Was wird in fünf Jahren, was wird in zehn Jahren sein? Wie wird es mir gesundheitlich gehen, wo werde ich beruflich stehen? Keine Ahnung. Das werde ich dann sehen. Medizinischen Statistiken zufolge verkürzt sich das Leben, wenn man oft operiert wurde und dabei viele Vollnarkosen bekam. Röntgenstrahlen erhöhen die Wahrscheinlichkeit einer Krebserkrankung. Und ich wurde sehr oft geröntgt. Deshalb nehme ich die Sache mit der Krebsvorsorge so ernst. Verhindern kann ich damit nichts – es kommt, wie es kommt. Aber ich kann zumindest gut auf meinen Körper achtgeben. Außerdem lebe ich wie gesagt ziemlich gesund, keine Drogen, keine Zigaretten, sehr selten mal Alkohol. Ich würde schon gerne die 70 oder 80 erreichen.

Und zugegeben, der jugendliche Plan mit Kindern, Haus, heiraten – der steht schon auch noch. Wenn ich merke, dass dieser Wunsch drängender wird, werde ich das angehen. Worauf warten?

An Hermanns Sterbebett habe ich das noch mal in aller Klarheit verstanden: Die Sanduhr unseres Lebens läuft unaufhörlich ab, jeden Tag ein bisschen. Der Tod ist unser aller Schicksal, ausnahmslos. Bei dem einen rinnt der Sand schneller, bei dem anderen langsamer. Niemand weiß, wie viel Zeit ihm oder ihr persönlich bleibt. Wir kennen unsere Lebensspanne nicht, wir wissen nicht, wann wir sterben müssen. Wieso tabuisieren wir das, warum schieben wir den Gedanken weg? Der Tod macht uns so viel Angst, dass wir kaum darüber reden können. Dabei müsste uns unsere Vergänglichkeit eigentlich täglich ermutigen, hier und heute genau das zu tun, was uns wirklich wichtig ist. Wir sollten unsere Prioritäten kennen und unser Leben nach ihnen ausrichten.

In meinem Fall steht ein Punkt ganz oben auf der Liste: Ich möchte weiter mit Menschen reden. Ob ich dabei auf einem Stuhl oder im Rollstuhl sitze, das ist doch eher nebensächlich, oder?

21

Rote Linien ziehen, aber sparsam

Meine Reichweiten sind ganz beachtlich mittlerweile. Der Kanal »Leeroy will's wissen« hat, Stand Frühling 2022, zwei Millionen Abonnenten, auf »Leeroy Matata« folgen mir 700 000 Menschen. Meine Videos wurden insgesamt schon über 300 Millionen mal angeklickt.

Ich wollte diese Zahlen aber nur kurz vorwegschieben, um auf ein anderes Thema zu sprechen zu kommen. Große Reichweiten locken natürlich wiederum viele Menschen an. Hunderte Anfragen erreichen mich und mein Team pro Monat. Manchmal könnte ich echt graue Haare kriegen, weil ich bei weitem nicht alle treffen kann, deren Geschichte mich interessiert.

Dabei mache ich zunächst erst mal keine Unterschiede. Ich spreche mit Opfern, mit Überlebenden, mit Gesunden, mit Sterbenden. Es können Menschen mit skurrilen Hobbys oder interessanten Berufen sein, Menschen, die Außergewöhnliches erlebt haben, Menschen mit einer Behinderung oder Krankheit, Menschen mit schlimmen Schicksalen, Menschen mit einer Drogenvergangenheit, Menschen, die kriminell waren, Menschen, die im Knast saßen.

Ich spreche ausdrücklich auch mit Tätern.

Und ich würde euch gerne erklären, warum.

Vor zwei Jahren saß zum Beispiel ein Pädophiler vor meiner Kamera. Super heikel. Aber ich wollte unbedingt schauen, ob ein Gespräch möglich ist. Vorab wusste ich wie immer nicht, wie unser Zusammentreffen genau verlaufen würde. Bei der Kontaktaufnahme hatte er nur angegeben, er habe bestimmte pädophile Neigungen und wolle in der Öffentlichkeit darüber sprechen. Während wir redeten, verstand ich, dass das Interview für ihn auch eine Art Outing war, er wollte sich seiner Störung in aller Öffentlichkeit stellen. Er sagte, dass er selbst noch nie ein Kind missbraucht habe, gab aber zu, sich schon mehrfach pädophiles Bild- und Videomaterial im Netz besorgt zu haben. Durch meine kritische Nachfrage gestand er ein, dass auch das natürlich einen Missbrauch darstellt. War ihm das vorher gar nicht in dieser Deutlichkeit klar gewesen? Das wunderte mich. Es ist doch völlig offensichtlich: Ohne die zahlreichen Käufer und Konsumenten im Netz würde es den Markt und damit auch die Masse des Missbrauchs nicht geben. Aufgrund dieser Onlineaktivitäten gab es bereits Ermittlungsverfahren gegen meinen Gesprächspartner, das heißt, die Polizei hatte ihn auf dem Schirm. Das beruhigte mich ein bisschen, denn sonst hätten mein Team und ich ihn anschließend definitiv anzeigen müssen.

Dieser Mann beschrieb in unserem Gespräch dann auch, wie er aktiv versuche, seine pädophile Störung zu bekämpfen. Ich konnte diese Behauptungen nicht überprüfen, aber ich meinte, Aufrichtigkeit in seinen Worten zu spüren. Er sagte mir, er meide den Kontakt mit Kindern im Alltag und halte sich auch nicht an Orten auf, an denen viele Kinder sind. Um Kindergärten, Schulen oder Spielplätze mache er einen Bogen. Nichtsdestotrotz hatte er sich durch seinen Konsum ohne Frage längst schuldig gemacht.

Er war ein Täter. Aber er wich meinen Fragen nicht aus und versuchte sein Handeln weder zu rechtfertigen noch zu bagatellisieren. Wenn ich das Interview heute, mit über zwei Jahren Abstand anschaue, fallen mir zwar noch viele Dinge ein, die ich hätte sagen und fragen können. Ich würde es mit meiner jetzigen Erfahrung vermutlich besser machen. Trotzdem bereue ich es nicht, dieses Gespräch geführt habe.

Genauso wenig, wie ich die Interviews mit den Männern bereue, die betrogen, geschlagen, geschossen, vergewaltigt haben.

Vertrauensvorschuss

Zynismus trage ich ziemlich wenig in mir. Auch Misstrauen ist nicht meine hervorstechendste Eigenschaft. Ich vertraue Fremden gerne – und schnell. Und ich ver-

suche, jedem Menschen gegenüber unvoreingenommen zu sein. Böswillige, hinterhältige Leute könnten das theoretisch ausnutzen, aber ich denke, ich habe mittlerweile eine ganz gute Menschenkenntnis entwickelt und merke, wenn man ein falsches Spiel mit mir spielt. Aber wenn mir jemand erzählt, dass er oder sie frühere Worte oder Taten bereut und heute ein anderer, besserer Mensch geworden ist – dann möchte ich das meinem Gegenüber erstmal von Herzen glauben. Bin ich also hoffnungslos gutgläubig, im Sinne von: an das Gute glaubend? Auf jeden Fall. Und ich will es unbedingt bleiben.

Einmal saß ich tatsächlich einem Mörder gegenüber. Rund 20 Jahre hatte er im Knast gesessen. Seine Tat war monströs, das Leid der Hinterbliebenen des Opfers mit keinen Worten der Welt zu lindern. Trotzdem muss die Gesellschaft diesen Mann nach Abbüßen seiner Strafe resozialisieren, also wieder in ihre Mitte aufnehmen, finde ich. Im Gefängnis geschieht das Gegenteil, da sind die Täter vom Rest der Welt abgetrennt. Doch was passiert, wenn sie wieder auf freien Fuß kommen? Bleiben sie für immer sozial Aussätzige – oder gelingt es, sie so zu integrieren, dass sie nicht erneut straffällig werden? Kriegen sie einen Job, eine Wohnung, dürfen sie noch mal von vorne anfangen? Oder schließen wir sie für immer von allem aus?

Aus meiner Sicht ist die Resozialisierung für uns als Gesellschaft alternativlos. Verbrechen müssen bestraft werden, und mit Gefängnissen habe ich auch grundsätzlich kein Problem. Aber danach muss den Verurteilten eine zweite Chance gegeben werden.

Ihr mögt das anders sehen, mir lautstark widersprechen, aber ich stehe zu dieser Meinung. Auch weil ich etliche Menschen kennengelernt habe, die ihr Leben nach ihrer Haft radikal verändert haben.

Mehrfach schon habe ich mich zum Beispiel mit Maximilian Pollux getroffen. Er ist Mitte dreißig und saß zehn Jahre seines Lebens im Gefängnis. Straffällig wurde er schon als Teenager: Drogenschmuggel und -verkauf, Diebstähle, Körperverletzungen, Waffenbesitz, Raubüberfälle bei anderen Drogendealern … Seine Liste war lang, er galt als sogenannter »Intensivtäter«. Als 21-Jähriger wurde er verurteilt, zu 13 Jahren Haft. Er sagt selbst, er sei erst im Gefängnis »erwachsen geworden«. Und er habe in den Jahren vor seiner Verhaftung alle verletzt und im Stich gelassen, die ihn geliebt haben. Vor allem seine Familie. Sein zwölfjähriger Bruder wurde vom SEK bei einem Einsatz in der elterlichen Wohnung überwältigt, während Maximilian gar nicht vor Ort war. Eine traumatische Erfahrung. Seine Schwester hat bis heute den Kontakt zu ihm abgebrochen. Seine Mutter zerbrach am Kummer. Sein über alles geliebter Hund kam ins Tierheim, als Maximilian verhaftet wurde, und starb auch dort.

Maximilians Geschichte ist keine coole Gangsterstory. Wirklich nicht. Das weiß er selbst am besten. Und deshalb erzählt er sie auch immer wieder: zur Abschreckung und als Warnung an junge Männer, die in die Kriminalität abzudriften drohen.

Heute ist Maximilian Pollux ein gefragter Coach, der alles dafür tut, um Jugendliche davon abzuhalten, straffällig zu werden. Der berufliche Neuanfang nach der Haft war allerdings schwer: Er stellte sich an vielen Schulen vor, mit detaillierten Workshop- und Vortragskonzepten. Man schickte ihn weg: »Sowas brauchen wir nicht.«

Niemand habe ihn – den ehemaligen Verbrecher – in die Nähe von Jugendlichen lassen wollen, erzählte er mir. Er musste lange darum kämpfen, um mit seiner Botschaft durchzudringen. Ich fand das unbegreiflich, vor allem, wenn ich an meine eigene Schulzeit zurückdachte: »Ich wäre unfassbar dankbar gewesen, jemanden wie dich mal im Unterricht gehabt zu haben. Weil einige meiner Freunde, bei denen es gerade bergab ging, genau das gebraucht hätten. Dass jemand zu ihnen sagt: Gib mir eine halbe Stunde und hör dir meine Geschichte an.«

Durch die Gespräche mit Maximilian habe ich erst richtig verstanden, dass es durchaus Kriminelle gibt, die nach ihrer Gefängnisstrafe umdenken. Sie reflektieren ihre Taten und ihr bisheriges Leben und wollen es nach der Haft wirklich anders und besser machen. Das ändert nichts an ihrer Schuld: Was geschehen ist, ist geschehen, das können sie nicht mehr rückgängig machen. Trotzdem können solche Menschen gesellschaftlich immer noch einen wichtigen Beitrag leisten. Ich habe einige verurteilte Straftäter getroffen, die sich mittlerweile in Präventionsprojekten engagieren. Manche sind Sozialarbeiter geworden. Anderen ist zumindest der Absprung aus der Kriminalität, von den Drogen und der Gewalt gelungen.

Das sollten wir respektieren – und das sollten wir auch aktiv fördern. Etwa, indem wir Straftätern eine Wiedereingliederung in den Arbeitsmarkt ermöglichen.

Ich weiß, dass es Menschen gibt, die bestimmte Taten für absolut unverzeihlich halten und Mörder oder Vergewaltiger am liebsten lebenslang hinter Gittern sähen.

»Die sollen nie wieder auf freien Fuß kommen!« – diesen Impuls verstehe ich total. Und ich finde es auch unerträglich, wenn ich in einem Interview einer jungen Frau gegenübersitze, die als Kind von ihrem Stiefvater vergewaltigt wurde, und sie mir dann erzählt, dass dieser Typ nach einer kurzen Gefängnisstrafe bereits wieder entlassen wurde und sein Leben weiterlebt. Da könnte ich auch im Strahl kotzen! Und ich zweifle dann auch an unserer Justiz: Wie wird denn da im Einzelfall das Strafmaß bemessen? Und müsste die Strafe für ein zerstörtes Kinderleben nicht viel höher ausfallen?

Wenn uns solche Gefühle übermannen, dann haben wir aus meiner Sicht zwei Möglichkeiten: Wir können verzweifeln und den Glauben ans System verlieren (keine gute Option, finde ich) – oder wir können uns dafür einsetzen, dass sich am System etwas ändert. Warum verjähren Vergewaltigungen und schwere Sexualdelikte überhaupt? Welche alten, vermutlich männlichen Juristen haben sich das vor Jahrzehnten mal ausgedacht? Und warum fallen Urteile bei Kindermissbrauch oft so erschreckend milde aus? Das empört mich genauso wie euch. Ich alleine kann daran jedoch nichts ändern. Aber indem ich solche Themen aufgreife, kann ich dazu beitragen, dass sie Aufmerksamkeit bekommen. Zusammen können wir Debatten anstoßen, zusammen können wir die Spielregeln verändern. Wir können sogar dafür sorgen, dass Gesetze umgeschrieben werden – wenn eine gesellschaftliche Mehrheit sie für nicht mehr zeitgemäß oder gerecht hält.

Das alles können wir als Bürger tun. Und das sollten wir auch tun.

Die Täter, deren gerichtlich verhängtes Strafmaß wir

persönlich als unangemessen empfinden, aus der Gesellschaft auszuschließen, das befürworte ich dagegen nicht. In den USA verlieren Gefangene sogar ihre Bürgerrechte; teilweise dürfen Schwerverbrecher lebenslang nicht mehr wählen gehen – auch wenn sie ihre Strafe längst verbüßt haben. Solche Entwicklungen finde ich absolut fragwürdig.

Das heißt aber nicht, dass ich für mich keine roten Linien gezogen habe. Die gibt es – und die würde ich nie überschreiten. Für alle meine Kanäle gilt: Ich biete grundsätzlich niemandem eine Plattform, der seine Taten zu glorifizieren oder auch nur zu verharmlosen versucht. Würde das in einem Gespräch – trotz meiner kritischen Nachfragen – passieren, dann sähe ich keinen Grund, dass dieses Video anschließend veröffentlicht wird. Wenn jemand dagegen sein Handeln selbstkritisch zu reflektieren versucht und ehrliche Reue zeigt, dann bleibe ich gerne sitzen. Für mich ist entscheidend, wie Täter zu ihrer Verantwortung stehen. Ich habe keine Lust, Leuten zuzuhören, die die Schuld immer nur bei anderen suchen.

Es erreichen mich – ihr werdet es nicht glauben – übrigens auch viele Anfragen aus dem rechten Spektrum, von AfD-Anhängern, Querdenkern und Verschwörungstheoretikern. Die wollen sich offenbar alle sehr gerne mit mir unterhalten, beziehungsweise meine Reichweiten für ihre Zwecke ausnutzen. Teilweise merkt man diesen Leuten ihre menschenverachtende Ideologie gar nicht auf den ersten Blick an. Sie sagen keine Sätze wie: »Die Juden sind an allem schuld.« Es wird eher mit Umschreibungen oder Andeutungen gearbeitet. Oder sie behaupten, doch »nur mal ein paar Fragen« stellen zu wollen.

Manche kommen aber auch direkt zur Sache. Ich habe

es schon erlebt, dass Leute ganz offen auf mich oder mein Team zugegangen sind: »Hey, hallo, ich bin ein überzeugter Neonazi und würde gerne frei darüber erzählen.« Oder: »Huhu, ich bin islamfeindlich.« Oder: »Yoh, man, ich bin kriminell. Homophob. Gewalttätig. Antisemit. Ein Rassist. Wäre das nicht interessant für deinen Kanal und dein junges Publikum?«

Nein, kann ich da nur sagen. Sicher nicht.

Ich biete meinen Gästen eine riesige Plattform an – die eingangs erwähnten Zahlen zeigen das. Aber ich trage auch die damit verbundene gesellschaftliche Verantwortung. Zwar ist meine Community klug und hat einen klaren moralischen Kompass, aber es kann ja doch mal sein, dass der ein oder andere jugendliche Zuschauer orientierungslos und auf der Suche ist. Bei ihm oder ihr würden solche Botschaften womöglich auf fruchtbaren Boden fallen. Das würde ich nie riskieren.

Außerdem habe ich gar keine Lust auf Begegnungen mit solchen Unbelehrbaren. Warum sollten wir uns unterhalten? Ich will keine verlogenen Erklärungen, Rechtfertigungen oder Relativierungen hören. Rassismus kann man nicht »irgendwie missverstehen«, genauso wenig wie Gewalt oder Hass.

Manches ist einfach dumm, falsch und menschenverachtend. Punkt.

22

Geschäftsmodell Social Media – Teil I

Ich wollte YouTuber werden und ich bin YouTuber geworden. Das bedeutet: Mein Beruf, meine Firma, mein Erfolg und mein Einkommen basieren auf Sozialen Netzwerken. Das ist mir bewusst und dafür bin ich durchaus dankbar. Aber es hindert mich nicht daran, auch die Schattenseiten von Social Media zu sehen und zu benennen. Alles beruht bekanntermaßen auf dem Prinzip Zeit: Die Nutzer sollen sich möglichst lange in einem Netzwerk aufhalten und mit den Inhalten interagieren, denn nur so können die Plattformen Geld verdienen. Deshalb sorgt der Algorithmus dafür, dass den Usern ständig neuer, auf ihre Interessen zugeschnittener Content angezeigt wird, der ihr Belohnungszentrum triggert, darüber hatten wir ja bereits in Kapitel 17 gesprochen.

Dass das süchtig machen kann, ist kein Geheimnis. Erinnert ihr euch an den globalen Serverausfall von Facebook, Instagram und WhatsApp im Herbst 2021? Als stundenlang nichts ging? Da wurde vielen von uns schlagartig bewusst, wie abhängig wir längst von einigen wenigen

Digitalkonzernen sind. Manche fühlten sich mental richtig schlecht – als hätte man ihnen von einer Sekunde auf die andere ihr gesamtes Leben geraubt. Als seien sie abgeschnitten von allem, was Spaß macht. Kontaktlos. Hilflos. Allein.

Ich fand die kollektive Erkenntnis dieses Tages ganz interessant: Wir alle merkten plötzlich, welche Handschellen wir uns da in den letzten Jahren freiwillig angelegt hatten.

Und diese Entwicklung verstärkt sich zurzeit eher noch: Wenn Kinder freien Zugang zu digitalen Geräten haben, hängen sie quasi nonstop auf Instagram, Snapchat oder TikTok rum. (Genauer gesagt sind es laut Statistik rund vier Stunden täglich, die die 12- bis 17-Jährigen in Deutschland im Internet verbringen.) Kein Wunder: Es gibt dort ja auch unendlich viel zu sehen. Und jede unserer Reaktionen wird ausgewertet und füttert dann wieder den Algorithmus: Wie lange bleibt wer auf welchen Bildern oder Videos, was wird von wem geteilt, gelikt, kommentiert?

Es ist schwer, sich dagegen zu stemmen und abzuschalten. Das merke ich auch bei meiner persönlichen Nutzung. Wie oft will ich das Handy eigentlich zur Seite legen – und bleibe dann doch noch eine Stunde oder länger dran hängen … und ärgere mich hinterher.

Natürlich gibt es auch positive Aspekte der weltweiten Vernetzung, das leugne ich gar nicht. Super viele zwischenmenschliche Beziehungen entstehen übers Internet. Vor allem Menschen, die introvertiert sind, tun sich leichter, sich online auf andere zuzubewegen. Menschen, die in ihrer Umgebung (aus welchen Gründen auch immer) isoliert sind, finden auf Social Media Gleichgesinnte. Das alles ist total begrüßenswert. Und wie gesagt: In meiner Jugend hätte mir das sicher in der ein oder anderen Lebensphase auch gutgetan.

Schwierig wird es für mich allerdings an dem Punkt, wo der Algorithmus mit unseren zutiefst menschlichen Bedürfnissen Geld verdienen will – und deshalb Blasen für uns Nutzer kreiert: Du schaust dir gerne Schminktutorials und Shopping Hauls an? Gut, dann kriegst du davon immer mehr.

Wir werden systematisch zugeballert mit dem, was uns ohnehin gefällt.

Raus aus der eigenen Bubble? Das passiert kaum noch.

Diese gefährliche Nischenbildung hat in den letzten Jahren nach meiner Beobachtung deutlich an Fahrt aufgenommen. Menschen denken, dass ihnen auf Social Media ein Abbild der Wirklichkeit begegnet, dabei sehen sie nur einen auf sie zugeschnittenen, sehr kleinen Ausschnitt der Welt. Für jemanden aus der Querdenkerszene muss es dann tatsächlich so wirken, als sei »das ganze Internet« voll mit Menschen, die genauso ticken wie man selbst. Entsprechend argumentieren viele gegenüber der Mehrheitsgesellschaft: »Wie kannst du nicht sehen, was ich sehe? Warum bist du für die Wahrheit so blind?« Umgekehrt fragt sich die demokratische Mitte kopfschüttelnd: »Worauf stützen die Anhänger von rechten Verschwörungstheorien ihr wirres Weltbild – wo man doch im Netz mit einem Klick an solide Fakten kommt?«

Jeder nimmt nur noch seine eigenen Echoräume wahr.

Und das ist kein Zufall: Die Plattformen haben nämlich überhaupt kein Interesse daran, uns die große, weite, diverse Welt zu zeigen. Vor zehn Jahren mag das noch anders gewesen sein. Ich erinnere mich an das frühe Facebook, wie ich es in meiner Schulzeit erlebt habe: Man konnte Leute aus der eigenen Stadt, die man nur vom Sehen oder Hörensagen kannte, finden und unkompliziert kontaktieren. Es war üblich, sich zu adden, anzustubsen oder Fremde anzuschreiben. Viele Menschen waren offen und neugierig aufeinander. Heute ist diese Online-Welt verschwunden, ersetzt durch ein System aus vorgeschlagenen Inhalten, Likes und Followern – und durchdrungen von sozialer Hierarchie. Wer sichtbar sein und wahrgenommen werden will, muss aus der Masse herausstechen.

Woher soll man als junger Mensch die Kraft nehmen, sich davon abzugrenzen? Je mehr schillernde Hochglanzinhalte man konsumiert, desto kleiner und unbedeutender fühlt man sich selbst. Und es gibt auf Social Media keine schützende Ozonschicht – alles dringt direkt in die Seelen von Kindern und Jugendlichen ein. Was macht es beispielsweise mit einem jungen Mädchen, wenn sie so eine Schlagzeile liest: »Alle 14-Jährigen, die mehr als 60 Kilo wiegen, sollten dringend abnehmen!« Und dahinter den Hinweis: 250 000 Likes. Durch solchen Content, der von morgens bis abends auf dich einprasselt, verschiebt sich deine Realität und deine Selbstwahrnehmung – nur leider nicht in eine gute Richtung.

Die heute 40-, 50- oder 60-Jährigen, die noch ganz anders aufgewachsen sind, können sich oft nur schwer vorstellen, wie es sich für die Jüngeren anfühlt, in dieser digitalen Welt erwachsen zu werden. Mit zehn oder elf kriegen die Kids heute ihr erstes Smartphone in die Hand – schon sind sie mittendrin. Sie sehen dicke Autos, operierte Körper, Infinity Pools in Dubai, riesige Followerzahlen. Sie erleben Tausende junger Frauen, die ihren trainierten Booty in engen Leggings in die Kamera halten oder über den Thigh Gap zwischen ihren Oberschenkeln sprechen. Sie stoßen auf Nasen-OP-Communities, in denen man sich gegenseitig Tipps fürs perfekte Aussehen gibt. Oder auf Foren, in denen es ums Abnehmen geht.

Der Druck, der dadurch entsteht, ist unermesslich.

Denn es steht ja sofort die Frage im Raum: Wie schaffe ich es bloß, auch so hübsch, so beliebt, so erfolgreich, so dünn und so happy wie meine Social-Media-Vorbilder zu werden? Was folgt, ist eine große Verunsicherung: Ich bin nicht gut genug. Ich halte keinem Vergleich stand.

Es ist also keine Übertreibung, wenn ich sage: Social Media tut der Psyche junger Menschen oft nicht gut. Dazu gibt es mittlerweile auch schon etliche wissenschaftliche Studien.

Es war für mich deshalb lange ein schwer auszuhaltender Widerspruch, dass ich selbst Teil dieses Systems bin. Auch ich sorge mit meinen Videos für ständigen Nachschub an Inhalten, auch ich halte Nutzerinnen und Nutzer möglichst lange auf den Seiten der Plattformen. Ich kann nicht so tun, als hätte das Geschäftsmodell von Sozialen Netzwerken und die vielfältigen negativen Auswirkungen auf junge Menschen nichts mit mir zu tun.

Die Frage ist nur: Was schlussfolgere ich daraus? Welche Konsequenzen ziehe ich?

Eine mögliche Entscheidung wäre aufzuhören. Jetzt sofort. Tschüss, ich bin raus.

Ich habe darüber tatsächlich schon nachgedacht. Aber dann konnte ich es doch nicht mit meinen eigenen Ansprüchen vereinbaren. Denn was würde passieren, wenn ich heute alle meine Kanäle schließe? Genau: Nichts würde passieren. Die durchschnittlichen Bildschirmzeiten von Jugendlichen würden sich um keine Sekunde verringern. Und wenn den Zuschauern nicht meine Videos vorgeschlagen werden könnten, dann wären es eben andere. Der Algorithmus kennt keine Lücken und keine Sendepause. Sonntag, 20.15 Uhr – du wartest auf eine neue Folge »Leeroy will's wissen«? Ach so, gibt's nicht mehr? Dann sieh dir doch dieses interessante Video an …

Abkehr ist für mich daher derzeit keine Option. Ich habe andere Schlüsse aus dem Dilemma gezogen: Ich möchte, dass das, was ich online zeige, einen Mehrwert für andere Menschen bietet. Niemand soll sich danach klein und unzureichend fühlen. Bestenfalls kann man für eine halbe Stunde mit einem fremden Menschen mitfiebern, ihm oder ihr in Ruhe zuhören und dabei auch noch etwas lernen. Den eigenen Horizont erweitern – nicht verengen, darum geht es.

Auf meinem Kanal treten Menschen vor die Kamera, die in vielen Social-Media-Bubbles sonst nie zu sehen sein würden. Manche haben Schicksale überstanden, andere sind von Krankheiten gezeichnet, wieder andere werden von Zweifeln oder Ängsten geplagt.

Es sind echte Menschen, oft innerlich oder äußerlich vernarbt.

Menschen mit verletzlichen Seelen. Und komplizierten Gefühlen.

Genau wie wir alle.

Was sie uns zu sagen haben, passt deshalb auch nicht in einen 60-Sekunden-Clip.

Die Reaktionen der Zuschauer zeigen mir, dass viele meine Intention verstehen. Das häufigste Feedback, das ich bekomme, klingt ungefähr so: »Leeroy, danke für das Video! Eigentlich hatte ich einen Scheißtag und kam schlecht gelaunt nach Hause. Aber dann habe ich – eher zufällig – dein Gespräch mit Melika / Alina / Rayk / Marcel / Ivana / Maximilian / … gesehen. Es hat mich sehr berührt. Ich sehe das Thema jetzt mit völlig anderen Augen. Und ich checke auch, wie dumm meine früheren Vorurteile waren!«

Ich reagiere nicht auf jeden Kommentar – es sind mittlerweile einfach zu viele –, aber ich lese immer mit. Und ich kann euch sagen: Solche Worte bestärken mich jeden Tag darin, weiterzumachen.

Hier könnte das Kapitel jetzt eigentlich zu Ende sein …

23

Geschäftsmodell Social Media – Teil II

… aber dann hätte ich mich um etwas Wichtiges herumgemogelt.

Denn um all das zu veröffentlichen, was ich mir vornehme, muss ich mir notgedrungen auch Gedanken über die Finanzierung meiner Videos machen. Mein Team ist in den letzten Jahren deutlich gewachsen. Durch die Kooperation mit Funk, das zu den Öffentlich-Rechtlichen Medien (ARD/ZDF) gehört, sind ein Teil unserer monatlichen Kosten gedeckt. Den Rest müssen wir mit eigenen Einnahmen bestreiten.

Heißt im Klartext: Ich mache bezahlte Werbung – wie viele andere YouTuber auch. Ich habe mich bewusst dafür entschieden, denn andernfalls müsste ich deutlich weniger Video-Interviews produzieren. Das wiederum kommt nicht in Frage. Dafür gibt es zu viele Themen und Lebensgeschichten da draußen, die mir wichtig sind.

Ich weiß, dass viele von euch dieser Blick hinter die Kulissen interessiert, daher möchte ich offen sein: Mittlerweile werden mir über Social-Media-Agenturen sehr viele sehr gut bezahlte Produktplatzierungen angeboten. Eigentlich ist das ein Kompliment an euch: Ihr, meine Zuschauerinnen und Zuschauer, seid als Zielgruppe begehrt. Ich könnte das ausnutzen, wenn ich wollte, und ohne Probleme binnen kurzer Zeit eine Menge Geld verdienen.

Das mache ich ausdrücklich nicht. Ich lehne fast alle Deals ab, die an mich herangetragen werden. Nur bei ganz wenigen, ausgewählten Partnern sage ich zu. Es ist mir wichtig, dass ich zu den Kooperationen, Produkten oder Firmen stehen kann und dass die Angebote sauber und seriös sind. Ich will keinen Schrott anpreisen und ich will niemandem schaden.

Die roten Linien – von denen ich schon gesprochen habe – existieren für mich auch im Hinblick auf Werbung. Und ich könnte nicht mehr in den Spiegel schauen, wenn ich sie übertrete. Ihr wollt ein Beispiel? Kriegt ihr: Es gibt viele Glücksspiel- und Sportwettenanbieter, die gezielt auf erfolgreiche YouTuber zugehen. Man wird gefragt, ob man Casino-Livestreams machen möchte. Die Community guckt dem Promi dann eine halbe Stunde lang beim Online-Glücksspiel über die Schulter. Natürlich sollen möglichst viele Leute anschließend selbst mit dem Zocken oder Wetten anfangen. Für solche kurzen Livestreams werden nicht selten sechsstellige Summen gezahlt. Kein Witz.

Für mich käme das niemals in Frage. Unter keinen Umständen der Welt.

Und ich finde es abartig, eine bodenlose Frechheit, dass einzelne Bundesländer diese Form von Werbung und Glücksspiel überhaupt erlauben. Am Online- oder Offline-Glücksspiel ist nichts harmlos. Ich hatte schon mal einen Glücksspielsüchtigen zu Gast. Das Gespräch hat mich echt erschüttert: Seine Existenz war durch die Sucht komplett zerstört worden.

Das ist kein Einzelfall: Väter rauben ihre Liebsten aus, verspielen den letzten Cent der Familie, fahren alles in ihrem Leben gegen die Wand – wegen ihrer Glücksspielsucht. Wer als Influencer dafür trotzdem Werbung macht, um schnell seine erste Million zu machen, der verkauft nicht nur seine eigene Seele. Der verkauft auch die Seelen seiner Zuschauer. Das muss ich leider mal so drastisch ausdrücken.

Meine Maxime lautet: Ja, ich gehe auch gerne Kooperationen ein. Aber nicht wahllos und sicher nicht, um privat schnell reich zu werden. Ich mache das, damit ich meine eigene Firma so führen kann, wie ich es für richtig halte. Ich bin von niemandem abhängig, muss keinen Anweisungen von außen folgen. Genauso hatte ich mir das vorgestellt, als ich mit 18, 19 Jahren von der Selbständigkeit träumte.

Denn das Wichtigste ist und bleibt aber für mich, dass ich Videos drehen kann, die im Meer der Inhalte einen Unterschied machen. Manchmal erreiche ich damit 100 000 Menschen, manchmal mehrere Millionen. Und das merkt sich natürlich auch der Algorithmus.

In diesem Fall kann er sogar nützlich sein. Denn wenn, um beim Beispiel aus dem letzten Kapitel zu bleiben, einer verunsicherten 14-Jährigen aufgrund ihres Nutzungsverhaltens mehr und mehr anorektische Inhalte angezeigt werden, die sie immer tiefer in die Welt von Extrem-Workouts und Nulldiäten hineinziehen – dann ist es sehr wahrscheinlich, dass ihr irgendwann auch dieses Video vorgeschlagen wird:

»Wie ist es MAGERSÜCHTIG ZU SEIN?«

Vielleicht zögert sie kurz, es sich anzusehen.

Ich hoffe inständig, dass sie draufklickt.

24

»Wir sehen uns im Sommer wieder ...«

Josi betrat das Studio, Josi setzte sich, Josi begann zu reden.

Wow. Ich war, was nicht oft passiert, ziemlich sprachlos.

Ein so dünner, zarter Mensch, aber eine solche Präsenz. Josi strahlte etwas sehr Geradliniges aus, sie war absolut straight. Eine Ausnahme-Persönlichkeit, das spürten mein Team und ich innerhalb der ersten Sekunden. Zugleich sah ich sie an – und schaute dann rüber zu meinem großgewachsenen, muskulösen Bruder. Gegen David wirkte Josi so furchtbar zerbrechlich ... Aber dieser äußere Eindruck verflog, sobald man sie sprechen hörte. Kein Zweifel: Ihr Wille war stark, ihr Verstand messerscharf. Und dass sie sich nicht »die Butter vom Brot« nehmen ließ, und zwar »von niemandem«, wie sie mir direkt erklärte, glaubte ich ihr sofort.

Josi war gekommen, um mit mir über ihre langjährige Magersucht zu reden. Wie immer begannen wir ganz von vorne, mit ihrer Kindheit. Josi mit den süßen Pausbäckchen. Josi, die früh aus Gruppen herausragt. Josi, der niemand das Wasser reichen konnte. Das reizte die Gleichaltrigen um sie herum.

»Man hat versucht, mich irgendwie zu kränken, aber nie einen Weg gefunden«, erzählte Josi mir. »Ich war nie eine Mitläuferin, ich war immer anders. Und wenn man anders ist, ist man eben Angriffspunkt. Schließlich haben die Leute gemerkt, dass sie mich nur kriegen, indem sie mir sagen, dass ich zu dick sei.«

Ihr kindlicher Körper wird zur Zielscheibe. Ab der dritten, vierten Grundschulklasse wird sie gemobbt. Auf dem Gymnasium geht es nahtlos weiter. An Josi gehen die Kommentare nicht spurlos vorbei. Sie will, dass das aufhört, sie will akzeptiert werden.

Mit elf macht sie ihre erste Diät.

»Ich habe gedacht: Ich werde allen Leuten zeigen, dass ich abnehmen kann.«

Essen weglassen, Mahlzeiten überspringen, Kalorien reduzieren, das setzt die willensstarke Josi ab jetzt mit einer erstrebenswerten Leistung gleich: »Ich habe angefangen, weniger zu essen. Und dann habe ich gemerkt: Boah, das funktioniert. Und man kriegt sogar Komplimente dafür.«

Erst reagiert die Umwelt tatsächlich positiv, lobt ihre schlanke Figur. Doch mit der Zeit wächst die Sorge. Denn Josi hört nicht auf. Sie wird dünner und dünner. Schwebt schließlich in akuter Lebensgefahr. Ihre Eltern, die sich nicht mehr zu helfen wissen, weisen sie in eine Kinderklinik ein. Da ist sie gerade erst zwölf.

Sie wollte damals ja gesund werden, erinnerte sich Josi: »Ich wusste, es ist irgendwas nicht richtig mit mir. Weil man durch dieses Abnehmen mega an Lebensqualität verliert. Man wird super unglücklich, traurig, man hat keine Lust mehr auf nichts, Freunde wenden sich ab. Du bist allein, immer mehr allein – und hast nur noch deine ›Freundin‹, die Essstörung. Und an ihr hältst du dich fest.«

Ein Teufelskreis, so beschrieb es Josi, aus dem sie auch nach dem Klinikaufenthalt nur schwer herausfand. Zugleich ging das Mobbing in der Schule weiter. Nun wurde Josi nicht mehr wegen ihrer Pausbäckchen verspottet, sondern weil sie als 14-Jährige noch keine Brüste hatte. Durch die Magersucht war ihr körperliches Wachstum bereits stark verzögert. Sie zog trotzdem BHs an – und steckte Socken hinein, um ihre fehlende Oberweite zu kaschieren. Das wiederum stellten Mitschüler im Internet bloß.

»Es wurde sogar ein Fake Profil für mich eröffnet: Josi Wattetitte.«

Während ich ihr fassungslos zuhörte, fragte ich mich: Wo waren die Erwachsenen? Die Lehrer, die Schulsozialpädagoginnen, die Therapeuten? Sahen sie nicht, was da passierte? Mobbing gab es auch in früheren Generationen schon, aber die Möglichkeiten sind durch Social Media um ein Vielfaches gewachsen. Gerade Kinder und Jugendliche, die selbst verunsichert sind, lassen dort ihren Frust an anderen ab. Weil es sich gut anfühlt, andere auszugrenzen – um selbst dazuzugehören? Nach dem Motto: Wenn mein gehässiger Spruch Applaus bekommt, hebt das meinen eigenen Status in der Gruppe.

Josis Mobbing-Erlebnisse erschütterten mich auch deshalb so tief, weil das Thema Mobbing schon in etlichen meiner Gespräche eine zentrale Rolle gespielt hatte. Immer wieder das gleiche Muster. Soviel Leid, so viele unnötige Kränkungen und psychische Verletzungen, die Menschen ertragen mussten.

Ich hatte es gar nicht geplant, aber in dem Moment überkam es mich einfach. Mitten im Interview mit Josi appellierte ich an alle Zuschauenden:

»Leute! Wenn man Kommentare loslässt, um sich selbst besser zu fühlen oder um sich zu profilieren, dann ist einem oft gar nicht bewusst, was das beim Gegenüber auslöst.« Ich zeigte auf Josi: »Sie muss nicht in der Sekunde anfangen zu weinen; vielleicht verlässt sie einfach nur den Raum – und man lacht sich darüber kaputt: ›Haha, der Spruch hat gesessen!‹« Solches Verhalten sei aber alles andere als harmlos, betonte ich, es könne bei den Mobbingopfern langfristig sogar dazu führen, dass sie in lebensgefährliche Krisen stürzen. »Und da reicht manchmal ein kleiner Kommentar, ein kleines Wort! Denn man weiß nie, in welcher Verfassung das Gegenüber ist.«

Josi griff meinen Impuls direkt auf und drehte sich ebenfalls zur Kamera:

»Mobbing ist scheiße. Und wenn ihr im Internet mobbt, seid ihr einfach bloß schwache Loser. Sorry – aber ist so.«

Gut, dass sie das mal so deutlich aussprach.

Unsere Begegnung in Köln dauerte insgesamt mehrere Stunden. Josi, die extra aus Kiel angereist war, brachte eine unglaubliche Energie dafür auf. Sie gönnte sich kaum Verschnaufpausen, nur einmal bat sie um ein Kissen, weil das Sitzen auf dem Holzstuhl ihr so unangenehm war. Sie erzählte mir viel über ihren Verlust von Muskelkraft durch die

Magersucht – aber auch von den charakterlichen Veränderungen, die sie fast noch mehr schmerzten. Ihre ganze Lebensfreude, ihre Verrücktheiten, ihre Spontanität, das sei alles kaum noch vorhanden, weil ihr Körper es schlicht nicht mehr mitmachte. »Skelett«, so nannte sie sich mehrfach selbst, ich fand das Wort schwer auszuhalten.

Als ich sie nach ihren Plänen für die Zukunft fragte, schaute mich Josi mit ihren strahlenden blauen Augen nachdenklich an: An ein vollständiges Gesundwerden glaube sie nicht, sagte sie. »Aber ich möchte mit der Krankheit wieder leben lernen. Mir ist wichtig, dass ich damit umgehen kann. Dass ich meinem Körper wieder gebe, was er benötigt – und es ihm nicht nehme.«

Ihre klaren, klugen Worte ließen mich Hoffnung schöpfen – auch wenn ich wusste, dass eine von zehn Erkrankten an Magersucht stirbt. Aber wenn es jemand schaffen könnte, dann doch wohl die starke Josi, oder?

Vielleicht würde sie noch mal in eine Klinik gehen, vielleicht würde unser Video und der Zuspruch der Zuschauer ihr helfen, den Hebel umzulegen. Sie wirkte so lebenshungrig: Sie wollte wieder tanzen, auf Festivals gehen, shoppen, schöne Kleidung tragen, das Leben genießen. Gegen Ende des Interviews schmiedeten wir daher direkt Pläne:

»Was hältst du davon, dass wir uns noch mal treffen?«, schlug ich vor.

Sie grinste: »Ja, lass uns im Sommer wiedertreffen!«

Am Ende einigten wir uns auf einen Kaffee, in Köln, in sechs Monaten.

»Und du erzählst mir dann, was du erlebt hast und was sich getan hat«, sagte ich.

Nachdem wir uns verabschiedet hatten – wegen der damals geltenden Corona-Beschränkungen konnten wir uns nicht mal umarmen, obwohl mir sehr danach zumute war und wir uns blendend verstanden hatten –, blieben wir natürlich in Kontakt. Die Veröffentlichung war circa zwei Monate nach dem Dreh geplant. Nach einigen Wochen hakte Josi nochmal nach: »Wisst ihr jetzt schon genauer, wann das Video kommt?«

Kurz darauf schrieb sie uns, dass sie mit einer Freundin in Urlaub fahre. Allerdings war es ihr zuvor gesundheitlich nicht gut gegangen, sie war noch mal deutlich schwächer geworden seit unserem Gespräch. Den Urlaub wollte sie nutzen, um sich auszuruhen.

Wir schrieben zurück, nannten ihr den genauen Veröffentlichungstag und -zeitpunkt. Fragten sicherheitshalber noch ein letztes Mal nach: »Ist das okay für dich, passt das alles, fühlst du dich wohl mit der Schnittfassung des Videos?« Dann schickten wir die WhatsApp-Nachricht ab.

Unter der Nachricht erschien ein Haken. Zugestellt, aber nicht gelesen.

Am Abend: Immer noch nur ein Haken.

Am darauffolgenden Tag: Nur ein Haken.

Völlig untypisch für Josi, die sehr aktiv auf Social Media war und eigentlich immer erreichbar. Ich versuchte, sie über Instagram anzuschreiben. Ich fragte, ob sie vielleicht eine neue Handynummer habe. Wir wollten das Video nicht veröffentlichen, ohne dass sie über den genauen Termin Bescheid wusste. Immerhin würde die ganze Welt nun alle Details ihrer Krankheit erfahren, auch die dunkle Mobbinggeschichte aus ihrer Schulzeit. Es war uns wichtig, dass sie sich darauf mental einstellen konnte und nicht ausgerechnet im Urlaub von der Welle der Aufmerksamkeit überrascht wurde.

Das machen wir immer so: Wir nennen meinen Gesprächspartnern auf die Minute genau den Zeitpunkt der Veröffentlichung. Manche planen zu dem Anlass eine private Release-Party, mit knallenden Sektkorken und im Kreis ihrer Freunde. Andere ziehen sich für einige Stunden oder Tage bewusst zurück, schalten ihre Geräte aus, wollen niemanden hören und sehen – das Video soll erstmal für sich alleine wirken. Jeder geht damit anders um.

Nun aber hatten wir ein Problem. Wir konnten Josi nicht informieren. Sie schien überall offline zu sein. Was tun?

Mein Bruder hatte schließlich eine Idee: Er war unter einem ihrer früheren Posts auf einen herzzerreißend-liebevollen Kommentar von Josis Vater gestoßen. Josi hatte uns erzählt, dass sie ein sehr gutes und enges Verhältnis zu ihren Eltern habe. Deshalb wagten wir den Versuch und schrieben den Account ihres Vaters an. »Wir machen uns Sorgen, wir erreichen Josi seit Tagen nicht, ist alles in Ordnung?«

So erfuhren wir von ihrem Tod.

Sie war im Urlaub eingeschlafen – und nicht mehr aufgewacht. Ihr Herz hatte aufgehört zu schlagen, ihr Körper hatte nach vielen Jahren schwerer Magersucht nicht mehr die Kraft zum Weiterleben gehabt. Sie war nicht allein: Ihre beste Freundin hielt sie in dieser letzten Nacht im Arm.

Für mich brach eine Welt zusammen. Das durfte nicht sein! Das war so falsch! Wir hatten uns nur einmal getroffen, nur einen Tag miteinander verbracht. Aber es war so offensichtlich für mich gewesen, was für ein unglaublicher

Mensch Josi war. Sie hatte so viel durchgemacht, sich so oft zurückgekämpft – und jetzt hatte sie dennoch gegen diese verdammte Krankheit verloren. Mit nur 24 Jahren.

Mit keinem Gedanken dachte ich mehr an unser gemeinsames Video. Beziehungsweise: Ich dachte daran, aber es war mir klar, dass wir es nicht veröffentlichen würden.

Was sollte es jetzt noch nützen?

Es würde kein Wiedersehen im Sommer geben.

25

Worte können heilen

Josis Tod warf mich und mein gesamtes Team völlig aus der Bahn. Tagelang rangen wir um Fassung. Wie sollten wir damit umgehen, was sollten wir jetzt tun?

Zugleich war ich nun mit ihren Eltern Hans und Annette in Kontakt – beide unglaublich freundliche und aufgeschlossene Menschen. Trotz der tiefen Trauer, die sie nach Josis plötzlichem Tod durchlebten, nahmen sie sich Zeit für mehrere lange Telefonate mit mir. Diese Gespräche taten mir unglaublich gut, es war so tröstlich, die große, bedingungslose Liebe zu spüren, die Josi Zeit ihres Lebens von ihrer Familie erfahren hatte. Hans und Annette waren außerdem sehr an Josis Interview interessiert. Natürlich schickte ich es ihnen umgehend zu. Die beiden sahen es sich an – und waren sich schnell einig:

Die letzten Worte ihrer Tochter sollten nicht in der Schublade verschwinden.

Josi hätte gewollt, dass es veröffentlicht wird.

Jetzt erst recht.

Ich kann nicht behaupten, dass ich gleich davon überzeugt war. Der Schock war zu frisch. War das wirklich richtig, Josi posthum der medialen Aufmerksamkeit auszusetzen? Es fühlte sich komisch an. Aber Hans und Annette waren sehr klar. Sie kannten ihre Tochter besser als ich. Und sie hatten recht: Genau mit der Intention war Josi doch vor einigen Wochen zu mir nach Köln ins Studio gekommen. Sie wollte, dass die ganze Welt erfährt, wie heimtückisch und langwierig diese Krankheit ist. Und dass das Untergewicht nur ein Symptom ist – »das eigentliche Problem sitzt im Kopf«, wie Josi immer wieder betonte.

Doch wie sollten wir das Gespräch rahmen, wie erklären, dass die Interviewte mittlerweile nicht mehr am Leben war?

Wieder waren es Annette und Hans, die eine Idee hatten. Sie boten an, nach Köln zu kommen und sich ebenfalls vor meine Kamera zu setzen: »Wie ist es, wenn DEIN KIND MAGERSÜCHTIG IST?« zwölf Jahre lang hatte die Krankheit den Alltag der Familie mitbestimmt, Josis gesamtes Teenager- und Erwachsenenleben war – von einigen guten Phasen abgesehen – von der Magersucht überschattet gewesen. Ihre Eltern waren bereit, der Öffentlichkeit Einblicke zu gewähren. Vielleicht würde das anderen helfen.

Das Gespräch war eine emotionale Herausforderung für uns alle. Immer wieder brach einem von uns dreien die Stimme, immer wieder hatten wir Tränen in den Augen. Ich verstand erst jetzt, beim Anblick von Josis Eltern, die ganze Tragweite der Tragödie: Denn kein Mensch steht für sich allein. Jeder ist eingebunden in ein Netz aus engen Beziehungen, jeder ist Teil einer Familie. Bei einer schweren Krankheit ist dieses enge Umfeld immer direkt mitbetroffen. Alle gehen durch die Hölle, auch Eltern, Geschwister, Partner. Oft, wie in Josis Fall, dauert das gemeinsame Martyrium jahrelang.

Wie sie das alles überhaupt hatten ertragen können, fragte ich Hans und Annette.

»Das Schöne ist, dass wir als Familie auch viele gute Erinnerungen haben«, sagte Josis Mutter. »Und an denen wollen wir uns jetzt festhalten.« Die schlimmen Phasen, in denen sie so hilflos danebengestanden hatten, die hätten sie nie ihrer Tochter angelastet. Das sei ja gar nicht wirklich Josi gewesen, sagte Annette. »Das war die Krankheit – für die sie nichts konnte.« Josi selbst habe an ihrem selbstzerstörerischen Verhalten und ihren Wesensveränderungen am meisten gelitten.

Schlimm seien die Tuscheleien gewesen, erzählte Hans. Wenn er mit seiner Tochter die Straße entlang ging, drehten sich oft Leute um, starrten die beiden unverhohlen an. Hans appellierte eindringlich an die Zuschauer: »Lasst es einfach bleiben.« Damit sei niemandem geholfen, im Gegenteil. Ebenso wenig wie mit vorschnellen Urteilen oder Schuldzuweisungen.

»Die Krankheit kann man verteufeln, aber die Person, die sie hat, ist absolut schuldlos an der Misere,« betonte Hans.

Annette ergänzte: »Man hat das Gefühl, man wird verurteilt von der Außenwelt. Aber kein Mensch kann etwas dafür!«

Anorexie sei einfach »so hinterhältig«, sagte Hans. Und Therapieplätze für die Betroffenen kämen leider »nicht dahergeflogen.« Man müsse oft hart dafür kämpfen. Jahrelang hatten die Eltern mit Josi das Auf und Ab der Krankheit erlebt, hatten sich um therapeutische Hilfe bemüht, waren immer wieder auf Hürden und Widerstände gestoßen, mussten gemeinsam mit ihrer Tochter die Rückschläge verkraften.

»Und ihren Tod verarbeiten wir jetzt auch, indem wir hier vor der Kamera sitzen«, sagte Hans. Das könnten sicher viele Leute nicht verstehen. Nur wenige Tage nach der Beerdigung der eigenen Tochter freiwillig an die Öffentlichkeit gehen? Warum macht man das?

Seine Antwort lasse sich in ein Wort fassen, sagte Hans. »Reden.«

Und dann wiederholte er es direkt noch mal:

»Reden ...« Er machte eine Pause. »Heilt ungemein.«

Als die Nachricht vom Tod ihrer Tochter kam, saßen Hans und Annette anschließend stundenlang zusammen und redeten. Engste Freunde stießen zu ihnen. Hörten zu. Erzählten ebenfalls. Man erinnerte sich gemeinsam, man weinte zusammen. Es tat allen so gut. Hans riet Trauernden, diese Gesprächsbereitschaft aus dem Umfeld unbedingt anzunehmen: »Wenn es Menschen gibt, die es dir anbieten, die mit dir in dieser schweren Phase Kontakt haben und die dir helfen wollen – lass sie zu dir kommen.«

Schweigen lindere keinen Schmerz. Sprechen schon. Auch nach einem solchen Schock, so Hans, »sollte man deshalb so früh wie möglich wieder damit anfangen.«

Einige Tage später veröffentlichten wir Josis Video. Direkt gefolgt von dem Gespräch mit Hans und Annette.

Beide Videos schlugen mit unfassbarer Wucht ein. Das Thema traf einen gesellschaftlichen Nerv. Sicher auch, weil durch die Pandemie psychische Erkrankungen bei jungen Menschen deutlich zugenommen hatten. Besonders die Zahl der Essstörungen ist massiv gestiegen. Josis Geschichte berührte Millionen. Frauen aller Altersschichten, aber auch Männer, fühlten sich angesprochen. Junge Zuschauer teilten die Videos, aber auch die Eltern- und Großelterngeneration schaute hin.

Manch einer erkannte sich möglicherweise auch in der Mobbinggeschichte wieder. Als Opfer – oder als Täter. Vielleicht fiel einzelnen Zuschauern bei Josis Schilderungen ein, wie sie oder er selbst schon Mitschüler wegen ihres Gewichts oder anderer Äußerlichkeiten beleidigt hatte. Ich kann nur hoffen, dass es dann einen Moment der kritischen Selbstreflexion gab.

Mir jedenfalls war die Botschaft, die beide Videos verband, extrem wichtig:

Unsere Worte können so viel Positives bewirken. Wir können Brücken zueinander bauen, wir können Verständnis zeigen, wir können uns gegenseitig trösten und stärken.

Unsere Worte können aber auch unglaublich viel kaputt machen: Sie können verletzen, spalten, ausgrenzen.

Deshalb, bitte: Egal, wie alt wir sind, egal, welche gesellschaftliche oder berufliche Stellung wir haben, lasst uns alle vorsichtig sein mit unseren Worten.

Jede und jeder von uns trägt diese Verantwortung. Und jeder und jede kann sich in einer Situation des Mobbings dazwischenwerfen. Sich schützend vor einen Menschen stellen, der angegriffen oder fertiggemacht wird. Es ist gar nicht schwer: Man muss nur hinhören und hingucken.

Das Jahr, in dem Josi starb, 2021, war übrigens auch das Jahr, in dem ich vom amerikanischen Forbes-Magazin zu einem der 30 einflussreichsten U-30-Jährigen in Deutschland gekürt wurde. Absolut schmeichelhaft, na klar. Aber nichts im Vergleich zu der riesigen Ehre, die ich fühlte, als Hans und Annette wenige Tage nach dem Tod ihrer Tochter beschlossen, mir restlos ihr Vertrauen zu schenken. Zwei wildfremde erwachsene Menschen öffneten mir mitten in der schlimmsten Zeit ihres Lebens ihr Herz.

Für diese Wertschätzung bin ich unendlich dankbar. Und ich weiß nicht, was noch Größeres in meinem Berufsleben kommen sollte.

P.S. Bis heute wurden die Videos von Josi und ihren Eltern knapp 12 Millionen mal angeklickt – und sie verbreiten sich immer noch. Natürlich kann ich nicht wissenschaftlich messen, welche gesellschaftliche Wirkung die Gespräche erzielt haben. Aber wenn Josis Geschichte einen Beitrag dazu leisten konnte, dass Magersucht als psychische Erkrankung ernster genommen wird, dass die Betroffenen schneller Hilfe finden, dass Mobbing im Netz und auf dem Schulhof generell inakzeptabler wird und Menschen ihre Worte mit mehr Bedacht wählen – dann hat Josi mittlerweile vielleicht sogar etlichen Menschen das Leben gerettet. Der Gedanke tröstet mich etwas.

26

UND ZUM SCHLUSS: MEHR MAGIE!

Gute Gespräche haben etwas Magisches. Zwei Menschen sind so aufeinander konzentriert, dass sie ihre Umgebung nicht mehr wahrnehmen. Ich genieße es enorm, wenn ich bei einer Begegnung in solch einen Sog hineingezogen werde – zum Glück passiert mir das regelmäßig. In diesen Momenten spielt der Raum drumherum keine Rolle mehr. Man vergisst sogar Mikrophone und Scheinwerfer.

Oft sind meine Interviewpartner in den ersten Minuten noch sehr aufgeregt, ihre Stimme zittert, sie kommen nur schwer in einen Flow. Ich spüre die Anspannung – und tue meinerseits alles, damit sich mein Gegenüber erstmal wohl und gut aufgehoben fühlt. Ist ja auch nicht ohne, das eigene Leben mal eben ungeschützt vor laufender Kamera auszubreiten. Manchmal geben meine Gäste in den Gesprächen Dinge preis, die sie noch nicht einmal ihrer Familie oder ihren engsten Freunden erzählt haben.

Spätestens nach fünf Minuten ist die anfängliche Unsicherheit meistens verflogen. Die Farbe kehrt in die Gesichter zurück. Aus manchen sprudelt es jetzt richtig heraus. Ich sitze da, höre zu, lasse mich mitreißen und emotional berühren – und wenn mir eine Frage in den Kopf schießt, dann stelle ich sie.

Diese Arbeit macht mir auch nach drei intensiven Jahren mit über 250 Interviews immer noch wahnsinnigen Spaß. Und sie fühlt sich für mich weiterhin sinnvoll an. Wir Menschen lechzen nach mutmachenden Geschichten und nach inspirierenden Worten, die wir auf unser eigenes Leben übertragen können. Und wir brauchen die Erlebnisse und Erfahrungen anderer, um über uns selbst nachdenken zu können. Dass ich dazu beitragen darf, dass gesellschaftlicher Dialog entsteht, empfinde ich als ungeheures Geschenk.

Mein positives Menschenbild hat sich in den letzten Jahren nicht eingetrübt, im Gegenteil. Ich sehe, dass Millionen Zuschauer da draußen bereit sind, auf meinen Kanälen aus der eigenen Komfortzone rauszukommen und sich auch mit schwierigen Themen auseinanderzusetzen. Das mag möglicherweise wieder nur eine Blase sein, aber es ist mittlerweile eine ziemlich große. Und sie ist unglaublich mitfühlend und herzlich! Diese Community will, genau wie ich, das Gute sehen. Und sie stimmt mit mir überein, dass Zuhören die beste Antwort ist auf die drängendsten Fragen unserer Zeit: Was verbindet uns? Wodurch überwinden wir Hass und Spaltung? Wie können wir friedlich zusammenleben?

Vielleicht haben wir für viele Probleme noch keine konkrete Lösung. Lasst uns trotzdem gemeinsam darüber reden. Jeder kommt dabei zu Wort, niemand wird übersehen oder zur Seite geschubst.

Ich wünsche mir, dass diese Haltung noch viel, viel mehr Mitstreiter findet. Überall im Alltag, in den Büros, auf der Straße, in den Schulen. Nach dem Motto: Das probiere ich jetzt einfach mal aus. Mehr als schiefgehen kann es ja nicht, oder? Man muss nicht nach der Devise leben: Was springt für *mich* dabei raus, was bekomme *ich* zurück, was habe *ich* davon?

Man kann seine Zeit und seine Aufmerksamkeit auch einfach mal großzügig verschenken.

Ich verweise in dem Zusammenhang gerne auf Weihnachten: Wir wissen alle, wie gut es sich anfühlt beschenkt zu werden. Aber wir wissen auch, dass es noch viel geiler ist, ein tolles Geschenk zu besorgen und dann die leuchtenden Augen des Gegenübers zu sehen. Vor allem die Eltern unter euch können das sicher bestätigen: Es gibt nichts Schöneres als Kindern zuzusehen, die wegen eines neuen Spielzeugs ausrasten und schreien vor Freude und sich dann sofort ins Kinderzimmer zum Spielen zurückziehen. In meiner Kindheit war es übrigens die Playmobilburg – ich wäre gestorben für das Ding! Ein halbes Jahr musste ich darauf warten, dann lag die Burg tatsächlich unterm Weihnachtsbaum. Meine Mutter und meine Großeltern werden niemals vergessen, wie ich schon beim Auspacken des Pakets völlig ausgeflippt bin.

Sie strahlten, weil ich strahlte.

Was ich damit sagen will: Uns Menschen tut es sehr, sehr gut, das Leben anderer zu verschönern. Das ist Fakt! Erfüllung findet man nicht beim Konsum, nicht beim Geldanhäufen, nicht auf der Karriereleiter und schon gar nicht dabei, sich von der vermeintlich »nervigen« Umwelt abzukapseln. Aber es kann sehr erfüllend sein, anderen beizustehen oder sie zu unterstützen.

Und wenn ihr jetzt alle mal kurz überlegt, welches die erhebendsten Momente eures Lebens waren, die euch für Monate die fetteste Energie und die tiefste Freude gegeben haben – ich wette, ihr kommt nicht auf eure letzte Gehaltserhöhung zu sprechen. (War vielleicht auch schön, aber verpuffte schnell wieder.) Ich könnte einige solcher bedeutenden Momente benennen – und sie haben alle mit Menschen zu tun. Mit Menschen, denen ich zugehört habe. Oder mit Menschen, mit denen ich Zeit verbracht habe.

Es muss bei unseren Begegnungen gar nichts Weltbewegendes passiert sein. Manchmal bin ich mit ein paar Kids Rollstuhl gefahren. Oder ich habe, als ich noch Profisportler war, mit einem Freund ein paar zusätzliche Trainingsstunden absolviert. Es kam vor, dass ich selbst oder ein Mitglied meiner Mannschaft mal ein blödes Formtief hatte. Zu zweit schoben wir dann halt ein paar extra Übungseinheiten. Vielleicht redeten wir anschließend in der Umkleide auch noch darüber, was uns im Kopf gerade so blockierte. Wenn einer von uns beiden dann beim nächsten Spiel den entscheidenden Korb machte – dann konnten wir darüber gemeinsam jubeln!

Solche zwischenmenschlichen Erlebnisse kann keine noch so große Summe auf dem Kontoauszug aufwiegen.

Wir haben dieses Buch angefangen mit Geschichten aus meiner frühen Kindheit. Da müssen wir logischerweise, wo wir nun am Ende angelangt sind, noch einen Blick in die Zukunft werfen. Ehrlich gesagt weiß ich nicht, ob ich lebenslang *vor* der Kamera bleiben will. Ich rede wirklich gerne und habe auch keine Angst vor Bühnen oder Mikrophonen. Das zieht sich wie ein roter Faden durch mein bisheriges Leben, von der Wahl zum Klassensprecher über die Moderation des Abiballs bis zu meiner Position als Mannschaftskapitän. Und ich finde es nach wie vor wichtig, dass Menschen wie ich – mit erkennbarem Migrationshintergrund, mit erkennbarer Behinderung – gut sichtbar in der medialen Öffentlichkeit stehen. Gespräche zu führen ist meine Berufung, aber die muss ich nicht zwangsläufig auf ewig bei YouTube ausleben. (Vielleicht werde ich ja doch noch Sportreporter oder Bundeskanzler.) Ich halte mich auch keineswegs für unersetzlich auf Social Media. Die digitale Welt ist erstens total vergänglich und zweitens im ständigen Wandel. Ich habe schon viele kommen und gehen sehen. Wer weiß, was langfristig aus meinen Kanälen wird …

Ein Star wollte ich wie gesagt sowieso nie werden. Ein Vorbild eigentlich auch nicht. Ich wollte mitreden, sichtbar werden, in Kontakt treten. Anderen Mut machen, indem ich berichte, wie ich mit meiner Krankheit und den damit verbundenen Tiefschlägen umgegangen bin. Anfangs habe ich in meinen Videos häufig über das Thema gesprochen. Mit der Zeit ist das in den Hintergrund gerückt. Heute zeige ich lieber, wie selbstverständlich ich als Rollstuhlfahrer mein Leben lebe.

Ähnlich ist es mit meinen Interviews. Ich erkläre den Zuschauern nicht jedes Mal, dass ich jetzt gleich möglichst unvoreingenommen auf einen fremden Menschen zugehen werde. Ich tue es einfach. Ich predige keinen Respekt, ich lebe Respekt. Das Gleiche gilt für meine anderen Prinzipien, die ich euch in diesem Buch versucht habe näherzubringen.

Mein Leben ist in Kurven verlaufen, es ging mir gesundheitlich mal besser, mal schlechter. Es gab Zeiten, da wusste ich nicht, wie es weitergehen würde. Oft musste ich mich zurückkämpfen: ins Klassenzimmer genauso wie aufs Spielfeld, auch davon habe ich euch erzählt. Das alles hat mich geprägt und mein Verständnis von Glück beeinflusst. Um etwas wirklich wertzuschätzen, muss man Zeiten erlebt haben, in denen es weniger erfreulich war.

Kein Glück ohne Unglück.

Kein Glück ohne Durchhaltevermögen.

Kein Glück ohne Zuversicht.

Der optimistische Kern meines Wesens stammt noch aus meiner Kindheit, er hat damit zu tun, wie ich aufgewachsen bin und dass ich familiär immer unterstützt wurde. Knochen gebrochen? Wird schon wieder – und bald spielst du wieder mit deinen Freunden Basketball.

Wenn Menschen sich von dieser Haltung inspirieren lassen wollen, dann freue ich mich wahnsinnig.

Denn mehr wollte ich euch eigentlich gar nicht sagen:

BLEIBT NICHT ALLEINE. GEHT RAUS. BEGEGNET EINANDER. ÖFFNET EUCH.

Und erlebt, wie großartig es sich anfühlt, wenn wir uns gegenseitig zuhören.

Quellen

Kapitel 1

https://www.destatis.de/DE/Themen/Gesellschaft-Umwelt/Bevoelkerung/Migration-Integration/_inhalt.html (zuletzt abgerufen am 1.6.2022)

Kapitel 2

https://www.netdoktor.de/krankheiten/seltene-erkrankungen/ (zuletzt abgerufen am 1.6.2022)

https://www.bundesgesundheitsministerium.de/themen/praevention/gesundheitsgefahren/seltene-erkrankungen.html (zuletzt abgerufen am 1.6.2022)

Leeroy will's wissen! Wie ist das EINE UNBEKANNTE KRANKHEIT ZU HABEN? (zuletzt abgerufen am 1.6.2022)

Kapitel 3

Leeroy will's wissen! Wie ist das GELÄHMT ZU SEIN? (zuletzt abgerufen am 1.6.2022)

Kapitel 4

https://www.behindert-barrierefrei.de/rollstuhl/ (zuletzt abgerufen am 1.6.2022)

Kapitel 5

Carnegie, D. (2011): *Wie man Freunde gewinnt. Die Kunst, beliebt und einflussreich zu werden.* Fischer Taschenbuch Verlag, Frankfurt am Main.

Kapitel 6

https://www.aktion-mensch.de/inklusion/bildung/hintergrund/zahlen-daten-und-fakten/inklusionsquoten (zuletzt abgerufen am 1.6.2022)

https://www.destatis.de/DE/Presse/Pressemitteilungen/2021/02/PD21_N014_63.html (zuletzt abgerufen am 1.6.2022)

Kapitel 8

Leeroy will's wissen! Wie ist das VOM OPA VERGEWALTIGT ZU WERDEN? (zuletzt abgerufen am 1.6.2022)

Kapitel 9

Leeroy will's wissen! Wie ist das MUSKELDYSTROPHIE ZU HABEN? (zuletzt abgerufen am 1.6.2022)

Kapitel 10

Leeroy will's wissen! Wie ist das SEIN BABY ZU VERLIEREN? (zuletzt abgerufen am 1.6.2022)

https://www.destatis.de/DE/Themen/Gesellschaft-Umwelt/Bevoelkerung/Geburten/_inhalt.html (zuletzt abgerufen am 1.6.2022)

https://www.familienplanung.de/ursachen/ (zuletzt abgerufen am 1.6.2022)

Kapitel 11

https://www.dbs-npc.de/ (zuletzt abgerufen am 1.6.2022)

Kapitel 12

Leeroy will's wissen! Wie ist das HEROIN ZU NEHMEN? (zuletzt abgerufen am 1.6.2022)

Kapitel 15

Leeroy will's wissen! Wie ist das MIT 14 SCHWANGER ZU SEIN? (zuletzt abgerufen am 1.6.2022)

Kapitel 16

Leeroy will's wissen! Wie ist das KOPFTUCH ZU TRAGEN? (zuletzt abgerufen am 1.6.2022)

Leeroy will's wissen! Wie ist das IM 2. WELTKRIEG AUFZUWACHSEN? (zuletzt abgerufen am 1.6.2022)

Kapitel 17

https://www.spektrum.de/news/likes-aktivieren-das-belohnungszentrum/1412016 (zuletzt abgerufen am 1.6.2022)

https://www.dw.com/de/psychologie-so-belohnt-instagram-unser-gehirn/a-49930845 (zuletzt abgerufen am 1.6.2022)

Kapitel 19

Leeroy will's wissen! Wie ist das ZU STERBEN? (zuletzt abgerufen am 1.6.2022)

Kapitel 21

Leeroy will's wissen! Wie ist das 10 JAHRE IM GEFÄNGNIS ZU SITZEN? (zuletzt abgerufen am 1.6.2022)

Kapitel 22

https://www.mpfs.de/fileadmin/files/Studien/JIM/2021/JIMStudie_2021_barrierefrei.pdf (zuletzt abgerufen am 1.6.2022)

https://www.fluter.de/sites/default/files/fluter_no.82_s.18-20.pdf (zuletzt abgerufen am 1.6.2022)

Kapitel 24

Leeroy will's wissen! R. I. P. Josi – Wie ist das MAGERSÜCHTIG ZU SEIN? (zuletzt abgerufen am 1. 6. 2022)

Kapitel 25

Leeroy will's wissen! R. I. P. Josi – Wie ist das WENN DEIN KIND MAGERSÜCHTIG IST? (zuletzt abgerufen am 1. 6. 2022)

https://www.swr.de/wissen/essstoerungen-corona-100.html (zuletzt abgerufen am 1. 6. 2022)

https://www.forschung-und-lehre.de/zeitfragen/mehr-magersuechtige-seit-der-pandemie-4603 (zuletzt abgerufen am 1. 6. 2022)